YARUJAN BOOKS
07

世界一わかりやすい

やるじゃん。

ビジネス最重要ワード100

MOST IMPORTANT WORDS
IN YOUR BUSINESS LIFE

マイナビ学生の窓口
フレッシャーズ・協力

Discover
ディスカヴァー

ビジネス用語でしょ、普段から使ってますよ
昨日もアジェンダしながら帰ったんですけど
高橋のやつがサードパーティに寄ろうって言うから
シナジー持って、ブレイクスルーしたいなぁって
一緒にバジェットしたんですよ

仕事でもなんでもドラスティックにいかないと
サマリーしちゃいますよね
めちゃくちゃじゃ！
この本を読んで基本のビジネス用語から勉強するとよい

⇦ To be continued...

はじめに

「今の数字目標を達成するためのＫＰＩは何？」

「他社のビジネスモデル、参考にして検討してみてよ」


……なんて言われて、わかっていなくても「はい、わかりました！」と答えてしまうこと、ありませんか？

「まあいいか」と思っているそこのアナタ！

それって、実はとっても損をしています！


ビジネスの分野には、覚えておくと仕事がより効率的になったり、質を上げるこ

とができる考え方や言葉がたくさんあります。

本書では、そんな世の中にあふれるビジネスワードを「自分の行動力や思考力を上げる方法」「マーケティングに役立つ概念」「会社の戦略を練るための考え方」「営業やコミュニケーションに役立つ心理学テクニック」「基本の金融経済ワード」の5つの章に分けて紹介。**この一冊でビジネスマンとして活躍するために必要な考え方……いわば基礎体力を身につけることができる**よう作られています。

また、それぞれの項目の最後には簡単なクイズを掲載！ 一通り読み終えたあとでクイズを解いて、より自分の力として言葉が浸透するようにしてください。

刻一刻と変化していくビジネスの世界では、言葉を理解し、活用することが成長の近道。新入社員にとって、この一冊がより「やるじゃん。」なビジネスパーソンに成長するためのきっかけとなれば幸いです。

CONTENTS

CHAPTER 2

マーケティング重要ワード10 056

CHAPTER 3

事業戦略重要ワード10

CHAPTER 4

心理学テクニック10 142

CHAPTER 5

金融経済基本ワード10

YARUJAN

CONTENTS

CHAPTER 1

思考、行動のフレームワーク10

問題をスムーズに解決！

KEYWORD

001

MECE（ミーシー）

今日の夜メシ、MECEで決めない?

MECEとは、たくさんの情報を整理するための考え方で、Mutually Exclusive & Collectively Exhaustiveの頭文字を取った言葉です。

横文字で書くとなんだか難しそうですが、これを訳すと「互いに排反し、総和は全体を包括する」という意味です。くだけた言い方をすれば**「もれなく、カブりなく」**という意味になります。

「もれなく」とは、見落としている情報をなくし、すべての要素を把握する、ということ。「カブりなく」は、整理して重複している要素をなくすということです。

うーん、ちょっと難しいですね。

じゃあ、夕食のメニューをMECEで考えて決めてみましょう。

あなたが今、仕事から家に帰っているとします。お腹も空いたのでコンビニにある中華か和食のおかずを買おう、といったところです。

これをMECE的に分解すると、まず食事の味付けの傾向がおおまかに「こってり」「さっぱり」に分けられることに気づきます。

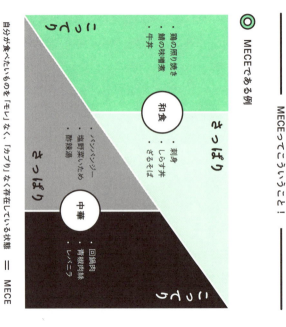

MECEってこういうこと！

◎ MECEである例

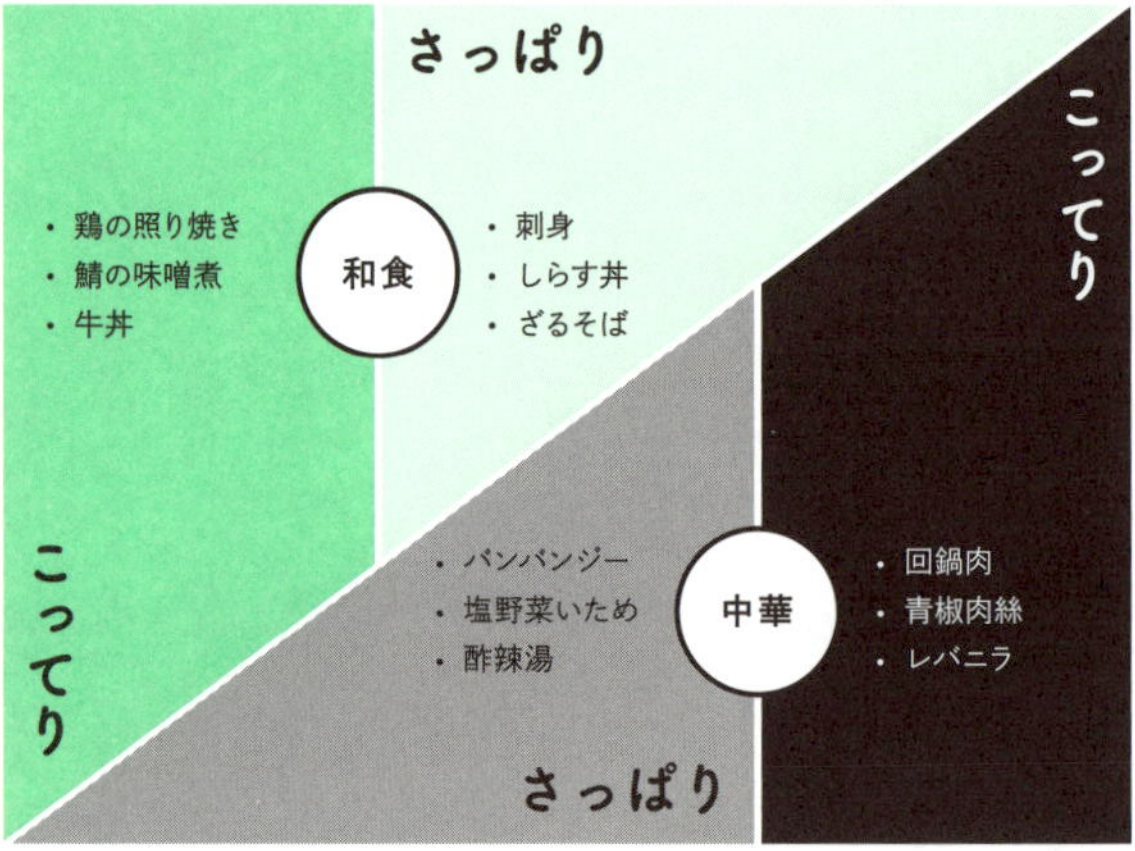
さっぱり
こってり
・鶏の照り焼き
・鯖の味噌煮
・牛丼
和食
・刺身
・しらす丼
・ざるそば
こってり
・バンバンジー
・塩野菜いため
・酢辣湯
中華
・回鍋肉
・青椒肉絲
・レバニラ
さっぱり

自分が食べたいものを「モレ」なく、「カブり」なく存在している状態 ＝ MECE

✕ MECEではない例

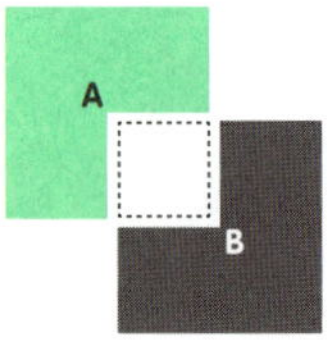
A
B

① 内容にモレがある

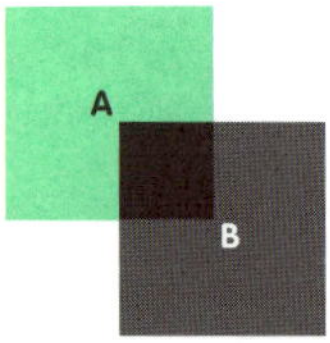
A
B

② 内容にカブりがある

もれなく、カブりなくまとめていくので、ここからさらに「こってり中華・和食」「さっぱり中華・和食」と分類すれば、MECEな状態でおかず候補を導けるでしょう。

重要なのは、自分が欲しい回答を導き出すために必要な切り口を、**思いつく限りの選択肢で「モレなく」、そして答えは「カブりなく」並べて検討する**ということなのです。

どうですか？　食べたいもの、見つかりました？

やるじゃん。

Q

クイズ

MECEを日本語で簡単に表現すると次のうちどれ？

A もれなく、カブりなく

B 微に入り細に入り

C 問題点の分析や解決

答え／P.055

KEYWORD

002

ロジックツリー

ロジックツリーで釣りを始めてみよう

ロジックツリーとは、**大きな問題を段階的に分解していき、ツリー状に構造化・可視化していく思考法**です。ツリー状にすると、全体像を把握しやすくなり、深掘りして検討すべきポイントがわかりやすくなります。

ここで注意すべきことが、**MECEの「もれなく、カブりなく」という考え方を使う**、ということ。検討すべき可能性のある要素をすべて抽出するのです。

仕事の方向性を決める、など数々の場面で大いに役立つロジックツリーですが、この考え方はなんと、新しい趣味を始めるときにも役立ちます。

例えば、あなたが忙しい毎日を送っている中で「釣り」を始めたいと考えたとします。そんな時間はない！　と思っているかもしれませんが、ロジックツリーで整理をすると、答えが見えるかもしれません。

それでは、早速検討してみましょう！

ロジックツリーを作ろう！

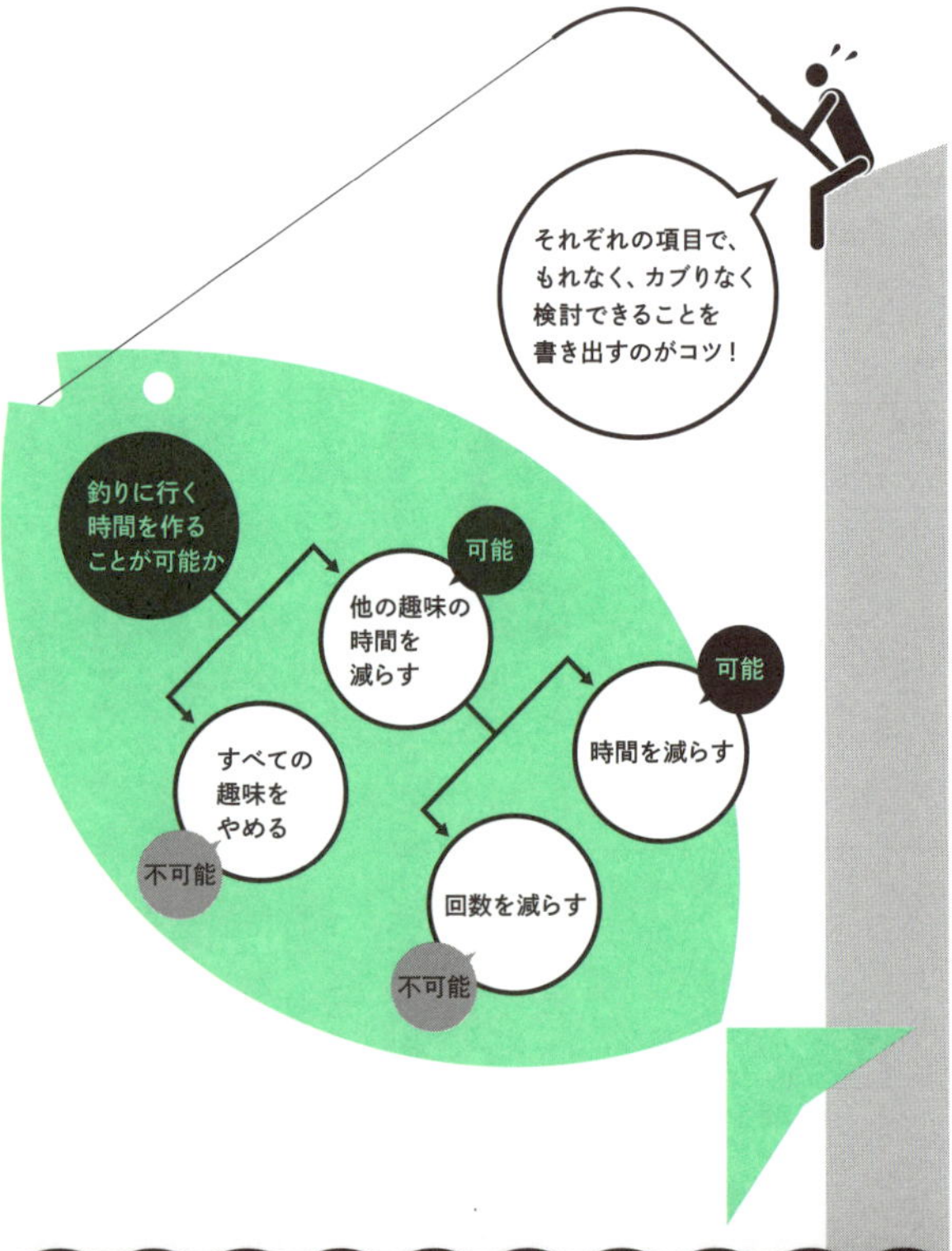

それぞれの項目で、
もれなく、カブりなく
検討できることを
書き出すのがコツ！
釣りに行く
時間を作る
ことが可能か
他の趣味の
時間を
減らす
可能
すべての
趣味を
やめる
不可能
時間を減らす
可能
回数を減らす
不可能

結論！

現状を見渡すと、趣味のすべてをやめるのは困難だが、
他の趣味に費やす時間を減らすことで
釣りの趣味を増やすことが可能だとわかった！

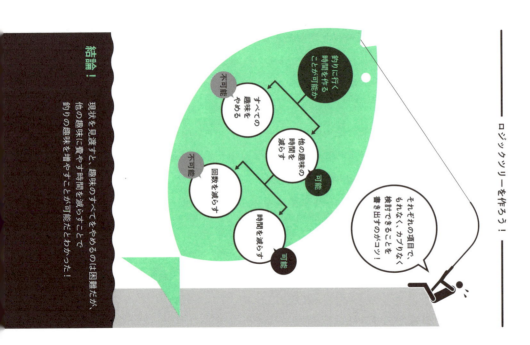

釣りをするには他のことに使う時間が多すぎて難しいという現状がわかっているので、議論すべきは「時間を作るために他の趣味を削れるのか」となります。モレなく探してみると、平日は仕事に、休日は「テレビ」「漫画」「ゲーム」「飲み会」に時間を費やしていることがわかりました。

他の趣味を削って、釣りの時間を作れるか、検討することにしましょう。

図のようにロジックツリーを伸ばしていくことで、**自分の目的をいかに達成するかという道筋が見えてきます**。

やるじゃん。

Q

クイズ

ロジックツリーに必須の思考法は？

A RACI
B AIDA
C MECE

答え／P.055

KEYWORD

003

空雨傘

雲行きの怪しいデートを
空雨傘で晴らそう!

空雨傘とは、**問題解決のプロセスをひとことで言い表した言葉**です。

「空」で現状を確認し、「雨」で解釈し、「傘」で解決策を導き出す。

ようするに、こういうことです。

「午前中は雨だったけど、今の空模様はどうかな？　よかった、雨は上がったみたいだ。傘は持っていかなくてもいいな」

出かけるときには、誰でもこんなことを考えるでしょう。

しかし、いつも空雨傘をうまく使いこなすのは、意識していなければ難しいもの。問題が複雑になってくると、現状の確認だけで終わってしまったり、解釈が甘くなってしまいがちだからです。

例えばこんなときはどうでしょう。

あなたは彼女とデートしています。

でも、なんだか彼女は不機嫌な様子。このままではデートが台無しです。

いったいどうすればいいでしょうか？

空雨傘にうまく落とし込み、解決してみましょう。

その前に、ひとつ重要なポイントがあります。それは、課題をどう定義するか、ということ。言い換えると「空を見て、傘を持っていくべきかどうかを判断する」という部分です。

この場合では、「彼女の機嫌を直すにはどうするか」が課題になるでしょう。

まず「空＝現状確認」では、彼女の機嫌が悪いことがわかりました。どうやら、あなたに対して怒っていることがあるようです。

そこで、怒っている理由を考えるのが「雨＝解釈」のプロセス。「空」で得られた情報から考えましょう。彼女の誕生日をサプライズでお祝いするために内緒で準備していたら、忘れてしまったと思われているようですね。

課題の設定が明確で、「空」「雨」が的確であれば、自然に「傘＝解決方法」も導けるはずです。思いついた解決策は必ず実行し、彼女の心を晴らしてあげましょう。

この場合の「傘」は「サプライズを前倒しにする」でしょうか。

課題の定義を明確にし、**空雨傘に分解して落としこめば、一見複雑そうな問題も単純化して考えることができる**のです。

やるじゃん。

Q クイズ

空雨傘の説明として もっとも正しい物はどれ？

A 問題解決のプロセス

B 問題発見のプロセス

C 課題定義のプロセス

答え／P.055

KEYWORD

004

SMART

自分のダイエット目標は
SMARTに決めよう

「先輩！　今月の目標を持ってきました！」

「おっ、偉いな。どれどれ……って、こら。こんなわかりづらい目標じゃ達成できないぞ？　**目標を設定するときは、誰にでもわかるよう、スマートで明確な定義をするべきだ！**」

「すっ、すみません！」

仕事で最も大切なのは、目標設定。

「自分が何を目指すか」というゴールの決め方で仕事の質や結果は大きく変わってしまいます。それくらい重要なことなので、新人のうちは先輩が決めてくれることが多いのですが、一人前になるにつれて自分で決めなくてはいけなくなってきます。

新人社員がやってしまいがちなのが、「目標」ではなく、単純に「やりたいこと」を書いてしまうというミス。実は、仕事で使われる「目標」にはいくつか必要な条件があるのです。

目標を設定するときに大切なのが「Specific=具体的で」「Measurable=達成できたかどうかがわかりやすく」「Action oriented=行動に落とし込めて」「Relevant=意義が明確で」「Time-limited=期限が設定されている」こと。これらの英単語の頭文字をとって、**「SMART」と呼ばれています。**これは目標を設定するときの指針になる、便利なチェックポイントをまとめたものです。

実例を挙げたほうがわかりやすそうなので、SMARTの5文字に当てはめながら、今年のダイエットの目標を作ってみましょう。

単に「痩せる」とするだけでは、人によってイメージはさまざまです。

なんとなくのイメージやざっくりとした言葉ではなく、誰とでも共有できるようなイメージと具体的な目標数値を盛り込んで、目標設定を客観的にしましょう。

S（具体的に）＝痩せ型だね、と言われる体型になる

M（わかりやすく）＝今の体重から20kg減らす

A（行動に落とせる）＝ランニングを週に3回、1時間ずつ行う
R（意義が明確）＝痩せれば体にもよく、昔の服が着られるようになる
T（期限が設定されている）＝今年の12月31日までに

この場合のSMARTは、このようになります。
見れば誰でもわかるような目標というのは、それだけ達成が見えやすい目標ということ。SMARTで目標を設定したら、スマートに達成したいですね。

やるじゃん。

Q クイズ

明確な目標設定の方針になる5文字はどれ？

A SMART
B START
C SPARK

答え／P.055

KEYWORD

005

緊急・重要のマトリクス

行動は4つに分類できる!

緊急・重要のマトリクスとは、あらゆる行動を「緊急度」と「重要度」の2つの軸にもとづいて分類する時間管理術です。

マトリクスはこのように、4つの分類となります。

「①緊急かつ重要なこと」
「②緊急ではないが重要なこと」
「③緊急だが重要ではないこと」
「④緊急でも重要でもないこと」

理想形は②の「緊急ではないが重要なこと」が多くある状態です。差し迫った仕事はないにもかかわらず、自分にとって重要なことが多くあるという状態は非常に充実しているといえます。

わかりづらいので、図にしてみましょう。

緊急・重要のマトリクス

	緊急	緊急ではない
重要	❶ 緊急かつ重要 ・明日までに資料を作り上げなくてはならない ・風邪をひいたので病院に行きたい	❷ 緊急ではないが重要 ・半年先に資格試験がある ・今週は同期と飲み会がある
重要ではない	❸ 緊急だが重要ではない ・今すぐうちのペットのかたつむりを見に来て欲しい	❹ 緊急でも重要でもない ・なんとなくカレーが食べたい

ポイントは、この3つ。

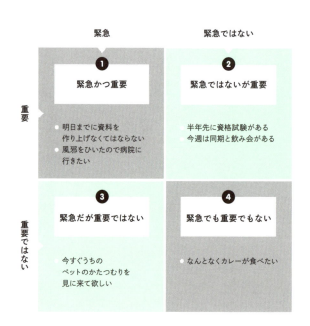

1. できるだけ❷の事柄を増やす
2. ❶や❸の領域が増えるとストレスが溜まる
3. ❷を増やしていけば❶の領域を減らすこともできる

緊急度の高いものとは、言い換えると「期限が迫っているもの」のことです。

そして重要なのが「緊急度が高い＝重要」とは限らない、ということ。

図で言うと、「今すぐうちのペットのかたつむりを見に来て欲しい」という友人の要求は至急の予定ですが、重要なことではありませんよね。このように、**俯瞰することで問題の取捨選択ができることも、このマトリクスの強み**です。

「重要なこと」のみの人生にしたいものですが、なかなかそうもいきません。マトリクスを引いて分類・整理することで、生活を効率のいいものにしましょう。


やるじゃん。

Q クイズ

緊急・重要のマトリクスの分類で、減らすべきでない時間の領域は？

- **A** 緊急かつ重要
- **B** 緊急だが重要でない
- **C** 緊急ではないが重要

答え／P.055

KEYWORD

006

パレートの法則

「8割が2割」ってどういうこと？

「今週はスケジュールがタイトだから、重要でない仕事はサクッと済ませて、時間をかけないようにしないとね」

先輩社員からこんなことを言われても、どれが重要で、どれがそうでないのか、なかなかわからないものです。そもそも重要な部分とそうでない部分は、どのくらいの割合になるのでしょうか？

多くの場合、全体の2割が重要で、残りの8割はあまり重要ではありません。

そして、成果のうち8割は、やった作業の2割がもたらしているそうです。

この現象を説明した言葉が、パレートの法則です。

アリの習性にまつわる、こんな話を聞いたことはありませんか？

群れの全体が、せわしなく働いているように見える働きアリたち。

しかし、よく観察してみるといつも熱心に働いているのは2割で、残り8割のアりたちは怠けていてほとんど働いていないことがわかりました。
また、熱心に働いている2割のアリだけを集めた群れを作ると、その群れでも8割のアリはあまり働かないようになり、結果として8対2という割合は変わらないのです。また、巣に集められた食糧の8割が、熱心に働いている2割のアリによって集められたものになります。

この現象は、ビジネスの現場にも当てはめられます。
例えば、売上と商品・顧客の関係は次の形です。

- 売上の8割は、2割の商品によるもの。
- 売上の8割は、2割の顧客が支払ったもの。

これらのことから、**重要な2割の仕事に力を注ぎ、残りの8割にはあまり時間を**

かけずに済ませれば、作業を効率化できるということがわかりますね。

効率化が求められる場面では、この考えを思い出し、もっとも重要な2割の作業がどこにあるのか、ということを考えてみるのが良いでしょう。

やるじゃん。

Q

クイズ

パレートの法則が役に立つ場面で、当てはまらないのはどれ？

A 効率化が必要な場面

B 精査が必要な場面

C 食料を集める場面

答え／P.055

KEYWORD

007

演繹法（えんえきほう）

論理的に伝えるための話し方

新入社員のあなたは、ある商品の開発に携わることになり、プレゼンを初めて行うことになりました。

初めてのプレゼンは不安でいっぱいです。プレゼンの前に、作った資料を先輩社員に確認してもらうことにしましたが、資料を読んだ先輩からは、こんなことを言われてしまいました。

「それぞれの資料はよく調べてあると思うけど、結論へのつなげ方がイマイチだね。もっと論理的に話を組み立てたほうがいいよ」

新しい案を出すときでも、ほかの人の意見に反対するときでも、人に話を聞いてもらうときは、話の組み立て方が論理的であることが求められます。

論理的とは、話の根拠と結論が正しくつながりを持っていることです。そうすれば、同じ根拠から同じ結論に、誰でもたどり着くことができるので、話に説得力が出るということですね。

論理的に思考するには、いくつかのセオリーがあります。もっとも代表的なものが、演繹法です。演繹法では、**前提となるいくつかの情報（＝根拠）を組みあわせることで、新しい結論を導き出します。**

演繹法をもっとも単純な形にしたものが、三段論法と呼ばれる思考法です。三段論法では、大きな集合全体についての情報（大前提）↓その集合の一部に対する情報（小前提）↓個別の結論という流れで話を進めます。

ややこしくなってきたので例をあげてみましょう。こんな感じです。

- **すべての鳥は卵を産む　（大前提）**
- **オウムは鳥である　（小前提）**
- **オウムは卵を産む　（個別の結論）**

単純で当たり前。でも、そのほうが他人には伝わりやすいもの。

演繹法を使えば、複雑な話が単純になるのです。

演繹法を使うときのポイントは、前提となる情報を一般的なものにすること。根拠が間違っていると結論も間違いますし、根拠となる情報が正しいか判断できなければ、話を聞く人は納得してくれないですよね。

そして、前提と結論のつながりを明確にして、これ以上ほかの前提を付け加える必要がないほど単純化すること。前提となる情報は2つ以上になっても構いませんが、前提が足りないときは結論へのつながりがわからなくなってしまいます。

他人になにかを伝えるときは、演繹法で考えてみましょう。

やるじゃん。

Q

クイズ

演繹法の説明で正しいのは次のうちどれ？

↓

A 前提から結論を導く

B 多くの情報から法則を導く

C 仮説を検証する

答え／P.055

KEYWORD

008

水平思考の6つの帽子

6つの帽子で会議をスムーズに！

画期的なアイデアが欲しい！

そんな場面で役立つのが、水平思考です。

水平思考とは**直感的な発想を重視し、それまで当たり前だったものを検証し直してみることで、斬新なアイデアを生み出そうとする思考法**です。


便利な水平思考ですが、使いこなすのが難しいものでもあります。

「直感を重視して、当たり前を疑う！」なんて言われたところで、言葉でわかっていてもなかなか実行できないものです。

そこで役立つのが、6つの帽子という考え方。

これは水平思考がスムーズに実行できるように作りだされたフレームワークです。

6色の「帽子」に対応した役割を守って話をするだけで、なんと、いとも簡単に水平思考ができてしまいます。

6つの帽子のイメージ

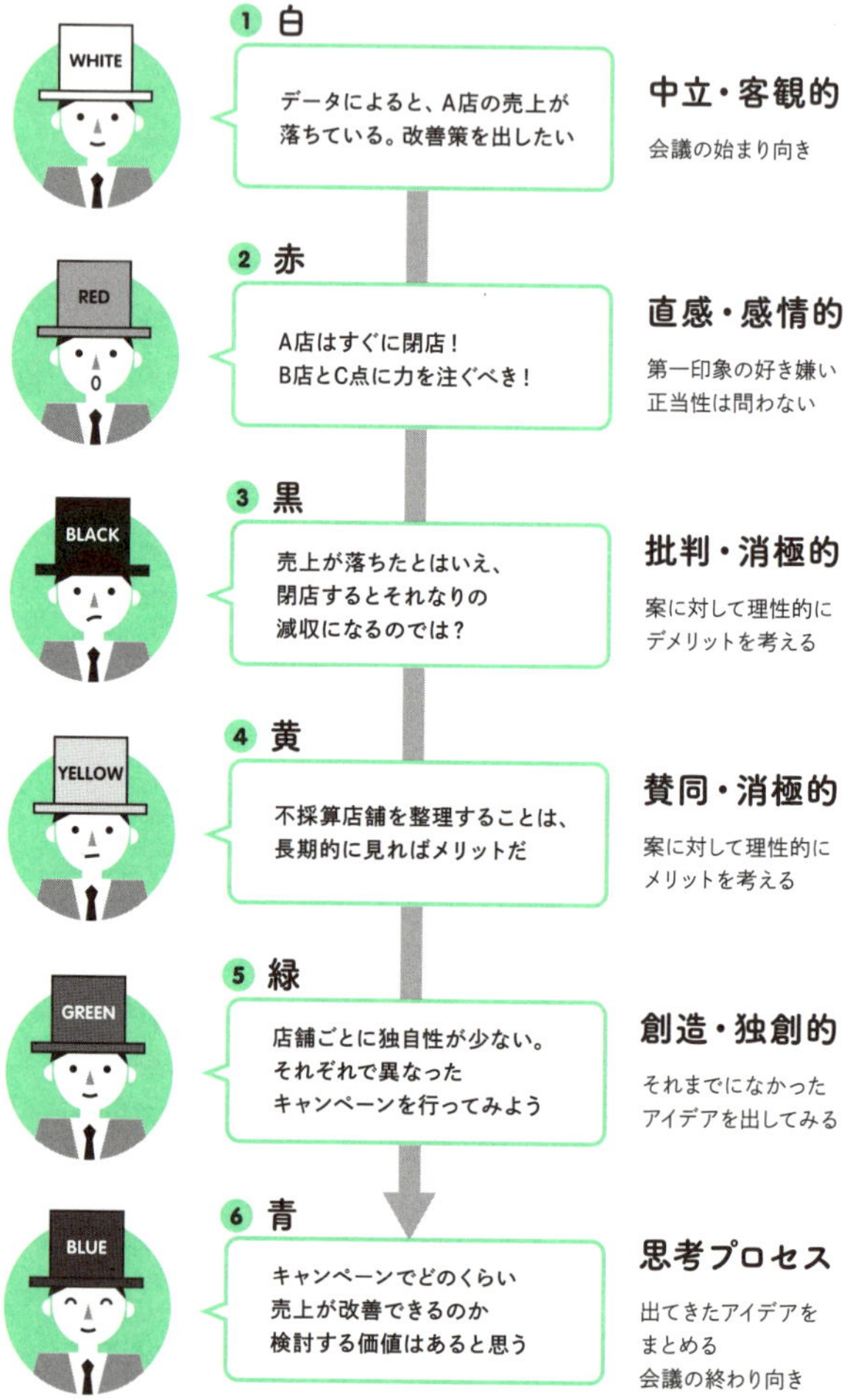
WHITE
1 白
データによると、A店の売上が
落ちている。改善策を出したい
中立・客観的
会議の始まり向き
RED
2 赤
A店はすぐに閉店！
B店とC点に力を注ぐべき！
直感・感情的
第一印象の好き嫌い
正当性は問わない
BLACK
3 黒
売上が落ちたとはいえ、
閉店するとそれなりの
減収になるのでは？
批判・消極的
案に対して理性的に
デメリットを考える
YELLOW
4 黄
不採算店舗を整理することは、
長期的に見ればメリットだ
賛同・消極的
案に対して理性的に
メリットを考える
GREEN
5 緑
店舗ごとに独自性が少ない。
それぞれで異なった
キャンペーンを行ってみよう
創造・独創的
それまでになかった
アイデアを出してみる
BLUE
6 青
キャンペーンでどのくらい
売上が改善できるのか
検討する価値はあると思う
思考プロセス
出てきたアイデアを
まとめる
会議の終わり向き

会議の参加者全員が、同時に同じ帽子をかぶることが大切
また、人の意見に反発してはならない

注意しなくてはいけないことは2つ。

ひとつは帽子をかぶっている間は、その性格に「なりきる」こと。

会議では赤ならみんな赤の状態、青なら青……と、参加者全員が同じ色の役割を同時に演じます。こうすると意見がぶつからず、より多くの発想ができます。

もうひとつは「たとえ自分の意見が違っても、帽子の役割に従う」ということ。

最初は少し戸惑うかもしれませんが、違う人の気持ちになって意見を出すと思いもしなかった発想が浮かぶはずです。


やるじゃん。

Q

クイズ

6つの帽子はなんのためにある？

A 性格診断テスト

B 斬新なアイデアを出す手助け

C 分析や推論の手助け

答え／P.055

KEYWORD

009

PDCA

やればやるほど成果が上がる
4ステップ

「今月始まった案件で、なにかミスがあったらしいじゃないか」
「すみません！　初めての業務内容だったので、準備不足だったと思います……」
「まあ気にすんな、次は同じミスをしないようにしよう！」

ミスはなぜ起こるのでしょうか？

準備がおろそかだったから？　それとも、実行するときにトラブルがあったから？　原因はさまざまですよね。

どれだけ入念に準備をし、実行するときに最善を尽くしたとしても、失敗してしまうことはあります。でも、ほんとうに大切なのは、失敗を踏まえて次の行動に活かすことです。

何か行動を起こすときには「Plan＝計画して」「Do＝実行に移し」「Check＝結果を検証・評価して」「Action＝改善する」という４つのサイクルを回し続けることが大切です。この４つの英単語の頭文字を取ってＰＤＣＡと呼ばれています。

PDCAで美味しい料理を作る

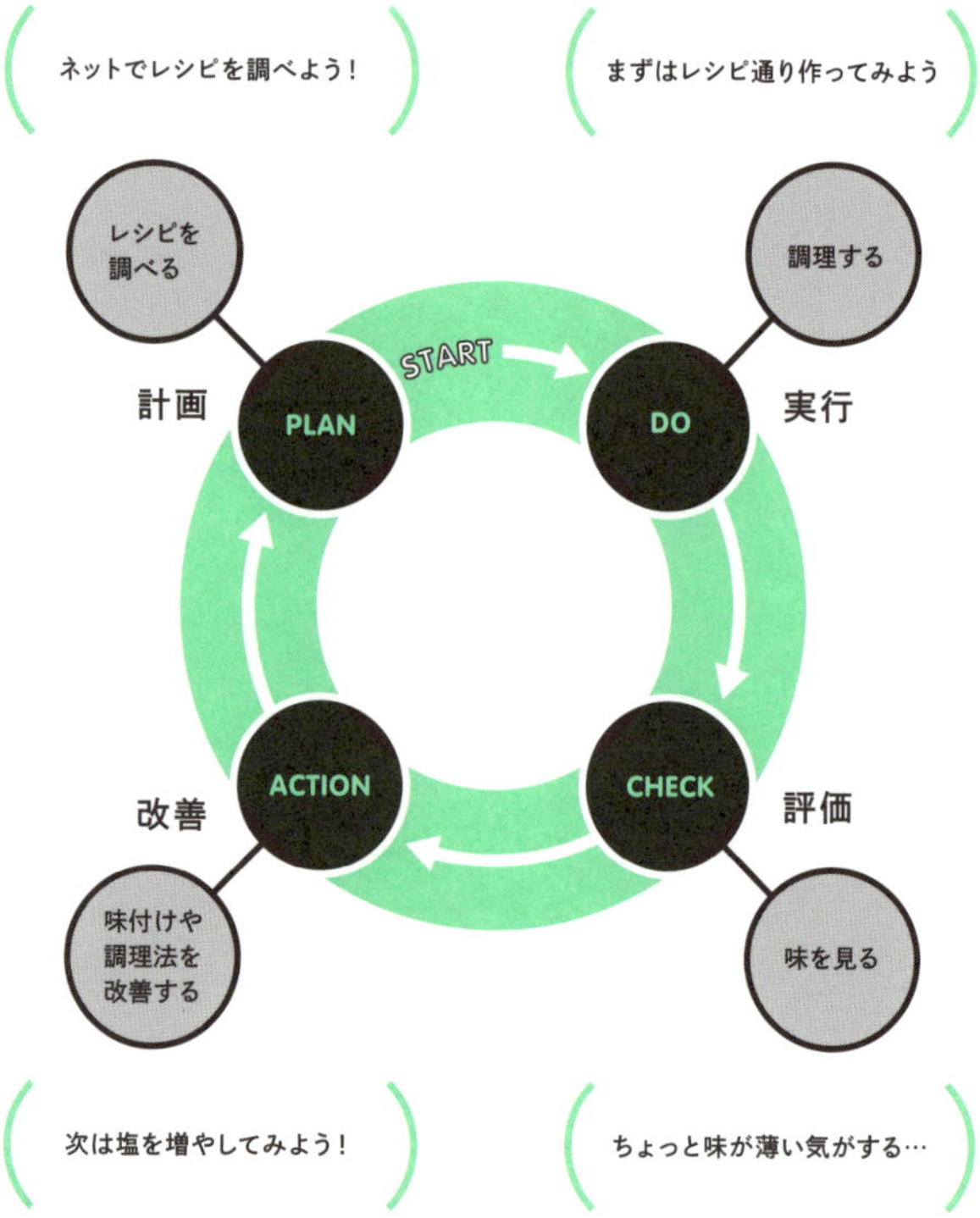
ネットでレシピを調べよう！
まずはレシピ通り作ってみよう
レシピを調べる
調理する
START
計画
PLAN
DO
実行
ACTION
CHECK
改善
評価
味付けや調理法を改善する
味を見る
次は塩を増やしてみよう！
ちょっと味が薄い気がする…

繰り返すほど料理が上達していくぞ！

図では料理でサイクルを回してみました。このことからもわかるように、PDCAはビジネスにかぎらず使える、「行動」そのものを助けるサイクルなのです。

そんなPDCAでは、必ずすべてのプロセスを機能させること。計画を立てたら必ず実行し、評価し、改善策を考え、次の計画に反映させましょう。

PDCAはサイクルを回すのが最も重要なことです。日常生活から使う練習をし、仕事に取り入れていきましょう！

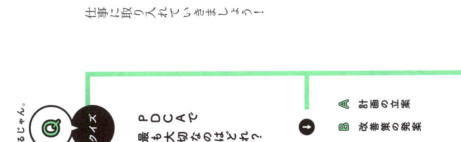

やるじゃん。

Q

クイズ

PDCAで最も大切なのはどれ？

A 計画の立案

B 改善策の発案

C サイクルをできるだけ回すこと

答え／P.055

KEYWORD

010

5WHY

5WHYでワインが減った原因を探る

問題が起こったときは「なぜ、それが起こったのか?」を探り、「こういう原因があったから」という原因を見つけてそれを解決する……。

ここまでは誰でもやっていることだと思いますが、それでも解決できないことって、正直多くないですか?

実は、問題を解決するには「やりかた」があるのです。

５ＷＨＹとは、**問題の根本的な原因を探し、根治するための思考法です。**

この思考法では、分析して見つかった原因に対しても「なぜそうなった?」と分析を繰り返して、より根本的な原因を探していきます。これを5回繰り返せば、ほとんどのできごとの真因に迫れるため、５ＷＨＹと呼ばれているのです。

具体的に説明してみましょう。

あなたがワイン倉庫を管理する仕事をしているとします。

最近なぜかワインの減りが激しい、ということで倉庫を調べるとワイン樽に小さな穴が開いているのを見つけました。

これが原因だ！　と思ったあなたは、樽の穴をふさいでおきました。

しかし、これで万事解決……と思ったらそうはいきませんでした。

しばらくすると、なんとまた同じような穴がワイン樽に開いてしまったからです。

なぜこのようなことが起こってしまったのかを順を追って考えると、そもそも「穴をふさぐ」という解決策が正しくなかったということがわかります。

ＷＨＹの回数が１回で止まってしまったので、表面的な解決策しか導き出せず、同じ問題が再発してしまったという典型的な例です。

ここで５ＷＨＹの思考を利用すると、問題の全容が見えてきます。

早速、５ＷＨＹを使って分析をしてみましょう。

①：近頃、ワインの減りが激しい
【WHY】なぜ減ってしまうのか？
②：ワインの樽に穴が開いていた
【WHY】なぜ穴が開いているのか？
③：樽をネズミがかじっていた
【WHY】なぜネズミが樽をかじれるのか？
④：倉庫にネズミがたくさんいた
【WHY】なぜネズミがいるのか？
⑤：倉庫に侵入経路がたくさんあった
【WHY】なぜ、ネズミが大量に進入するのか？

＝農園全体がネズミの繁殖しやすい環境だった！

「穴があった」という事実を深掘りして「そもそも、なぜ樽に穴があいたんだ？」という糸口を見つけました。さらに分析を続けるとどうやら穴をあけている「犯人」が紛れ込んでいたようです。倉庫にネズミが入れないよう出入り口を塞ぎ、農園全体のネズミを駆除したところ、問題は起きなくなりました。

ビジネスの場ではそもそも有効な解決策が見つからないこともあります。「なぜ？」を重ねて有効な解決策を見つけましょう。

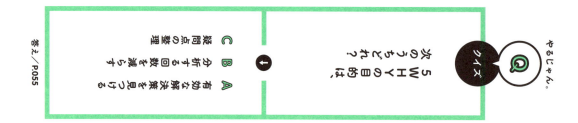

やるじゃん。

Q

クイズ

5WHYの目的は、次のうちどれ？

A 有効な解決策を見つける

B 分析する回数を減らす

C 疑問点の整理

答え／P.055

ちゃんと理解できてる？

KEYWORD
011 － 020

これも重要！ビジネスカタカナ語

KEYWORD	
011 アイスブレイク	硬い氷を溶かすように、初対面の人同士の緊張を解きほぐす会話やゲーム。失敗すると、さらにその場が凍りつくことも…。
012 アサイン	人や物に役割を持たせること。仕事でよく使われるが、幅広く使われすぎて「飲み会の幹事にアサインされちゃってさー」なんて用法もある。
013 アジェンダ	「予定」や「検討しなければならない課題」を表にまとめたもの。会議の席でよく使われるので、レジュメ（書類）と混同しがち。
014 イシュー	「検討課題のうち、とくに重要なもの」という意味。この問題のイシューを特定してよ、といっても異臭騒ぎではない。
015 イニシアチブ	「率先した発言や行動で、周囲の人を自然と従わせる」こと。合コンでも注意して見ると、デキる男はイニシアチブをとっているはず。
016 エビデンス	「証拠」「根拠」の意。流行っているので、いずれ探偵漫画でも犯人が「エ、エビデンス（証拠）がないじゃないか！」とうろたえる日が来そう。
017 クライアント	「顧客」「取引先」という意味です。上司が飲みの席で「クライアントがさー」と言い始めると、だいたい愚痴なので身構えよう。
018 コミット	「委任する」「約束する」「介入する」などの意味で、「営業成績にコミットしきる」などと使う。日本ではなぜかダイエットのCMで有名。
019 コモディティ	「機能や品質が安定したため、競合他社と比べて個性が出しにくくなってしまった製品」という意味。スマートフォンとか、そんな感じでしょ？
020 コンセンサス	「グループ内の大多数による同意」の意味。ビジネスの場では、根回しのようなニュアンスで使われることもあるので注意。

クイズの答え

A

p017…A　p021…C　p025…A　p029…A　p033…C
p037…A　p041…A　p045…B　p049…C　p054…A

YARUJAN

CONTENTS

KEYWORD

CHAPTER 2

マーケティング重要ワード10

市場が見抜けるようになる！

KEYWORD

021

AIDMA（アイドマ）の法則

なぜ、このアイドルのCDを
買ってしまったのか？

街で買い物をしている最中に、面白そうな新商品を見つけました。
そんなとき、あなたならどんなことを考えて買いますか？
実は、人が物を購入するのには必ず理由があるのです。

- Attention＝商品を見つける（注目）
- Interest＝関心を持つ（興味・関心）
- Desire＝欲しい！　と思う（欲求）
- Memory／Motive＝強く印象に残る（記憶）
- Action＝購入する（行動）

商品を購入するまでの5つの思考プロセスをまとめて、AIDMAの法則と呼ばれています。

例えば、あるアイドルの新作CDアルバムを購入した男性がいたとします。

彼の心の動きをＡＩＤＭＡに当てはめると、こんな感じかもしれません。

「**あ、ＣＭに出てるこの娘、超かわいい！（Attention）**」

あなたにもこんな経験、ありませんか？

あったとしたら、知らず知らずのうちに戦略の入り口に立っている、ということです。この状態をマーケティングでは「認知段階」と呼びます。

「**かわいいだけじゃない！　曲もいい！（Interest）**」

「**視聴したら、ほかの曲もよさそうだなあ。買ってみようかな（Desire）**」

「**このアルバム、この日に発売するんだ（Memory）**」

その後、雑誌の紹介記事や特設ＨＰなどで商品の詳しい情報を知り、段々と手に入れたい気持ちが高まっていきます。「感情段階」とも呼ばれています。

「**近くの店で予約受け付けしてるな。せっかくだし予約しちゃえ！（Action）**」

こうしてすっかりファンになった彼は、ついに実際に購入に踏み切ります。この状態は「行動段階」と呼ばれています。

このようにマーケティングがハマると、最後は「購入する」に行き着くのですが、世の中の商品のすべてがこのようにうまく売れていくわけではありません。

認知段階では広告に成功していても、感情段階での戦略が不十分で消費者を購入に引き込めなかった商品はたくさんあります。

「よく宣伝しているけど話題になっていない商品」って見たことありませんか？

こういうパターンは「宣伝は知っているけど、買うほどじゃない」と思われているということ。つまり認知段階から感情段階への移行に失敗しているのです。

やるじゃん。

Q

クイズ

AIDMAは、商品をどうするときの思考プロセスを表した用語？

A 売却するとき
B 購入するとき
C 広告するとき

答え／P.099

KEYWORD

022

イノベーター理論

新しいスマートフォン、いつ買う?

めまぐるしく新商品が発売されていくスマートフォン業界。

新モデルが登場すれば多くの人が使っている姿を街で見かけます。

しかし、いくら新しくて良いものが発売したとしても、みんながすぐに購入するわけではありません。

新しいもの好きな人がいれば、使い慣れた物をなかなか買い換えようとしない人もいるでしょう。新商品を購入するタイミングは人それぞれなのです。

新しい商品を購入する時期別に消費者のタイプを分類したものがイノベーター理論です。イノベーター理論では、消費者は新商品の購入を決めるのが早い順に、「イノベーター」「アーリーアダプター」「アーリーマジョリティ」「レイトマジョリティ」「ラガード」の5つに分類されます。

では、それぞれの特徴を見てみましょう。

イノベーター理論

例：新しいスマートフォンが発売になったとき

↓

消費者は次の5つのどれかに当てはまる

浸透順			
❶ 2.5%	イノベーター	ブームには真っ先に乗るのがあたり前	とにかく新しいもの好き！　発売日に行列を作るタイプ。新製品なら性能や評価はあまり気にしない
❷ 13.5%	アーリーアダプター	欲しいなあ 発売日に買った人のレビューを読もう	新しいもの好きだが、性能や評価を吟味してから買うタイプ。発売後の情報収集を怠らない
❸ 34%	アーリーマジョリティ	よさそうだけど もうちょっとブームになってから買おう	ある程度人気が出はじめてから手を出すタイプ。新しいもの好きだけど、やや慎重派
❹ 34%	レイトマジョリティ	周りの人がみんな持ってたら買うかも	新しいものにはそれほど関心がなく、新製品には消極的なタイプ。よほどの流行にならないと買わない
❺ 16%	ラガード	全然買おうと思わない。今でもガラケーで充分	使い慣れたものが一番！　基本的に新製品は買おうとしない。もっとも保守的なタイプ

新製品はイノベーターから順に、市場に浸透していく

イノベーターとアーリーアダプターは、あわせて市場全体の16％です。
市場が拡大し、いわゆるヒット商品になるのはアーリーマジョリティに商品が浸透してからなので、まず市場の16％に浸透させることが重要といわれます。
また、アーリーアダプターとアーリーマジョリティの間には深い溝があり、16％を超えて市場を拡大するには、アーリーマジョリティ向けに別の展開を考えるべきだ、という考え方もあります。

やるじゃん。

Q

クイズ

イノベーター理論では消費者をどうやって区分する？

A 新商品の購入時期

B 新商品に消費した金額

C 新商品の購入数

答え／P.099

KEYWORD

023

セグメンテーション

市場を階層化してニーズを探る

セグメントとは「階層」や「区分」などという意味の英単語です。

そして、マーケティングにおけるセグメンテーションとは、**顧客を「階層化／区分化／細分化する」という意味**になります。


市場には、さまざまな顧客がいます。

年齢や性別も違いますし、仕事やライフスタイル、そもそも個人的な志向・性格も異なります。すべての顧客に受け入れられるような商品を作るのは難しいものです。そのため、ある特定層のニーズに合わせて商品開発を行うのが、より効率的なマーケティングといえるでしょう。

セグメンテーションでは、そのようにいろいろな性質を持つ顧客を、さまざまな切り口で階層化します。

こうすることで、市場にある潜在的なニーズを分析でき、商品のコンセプトを明確にできるようになります。

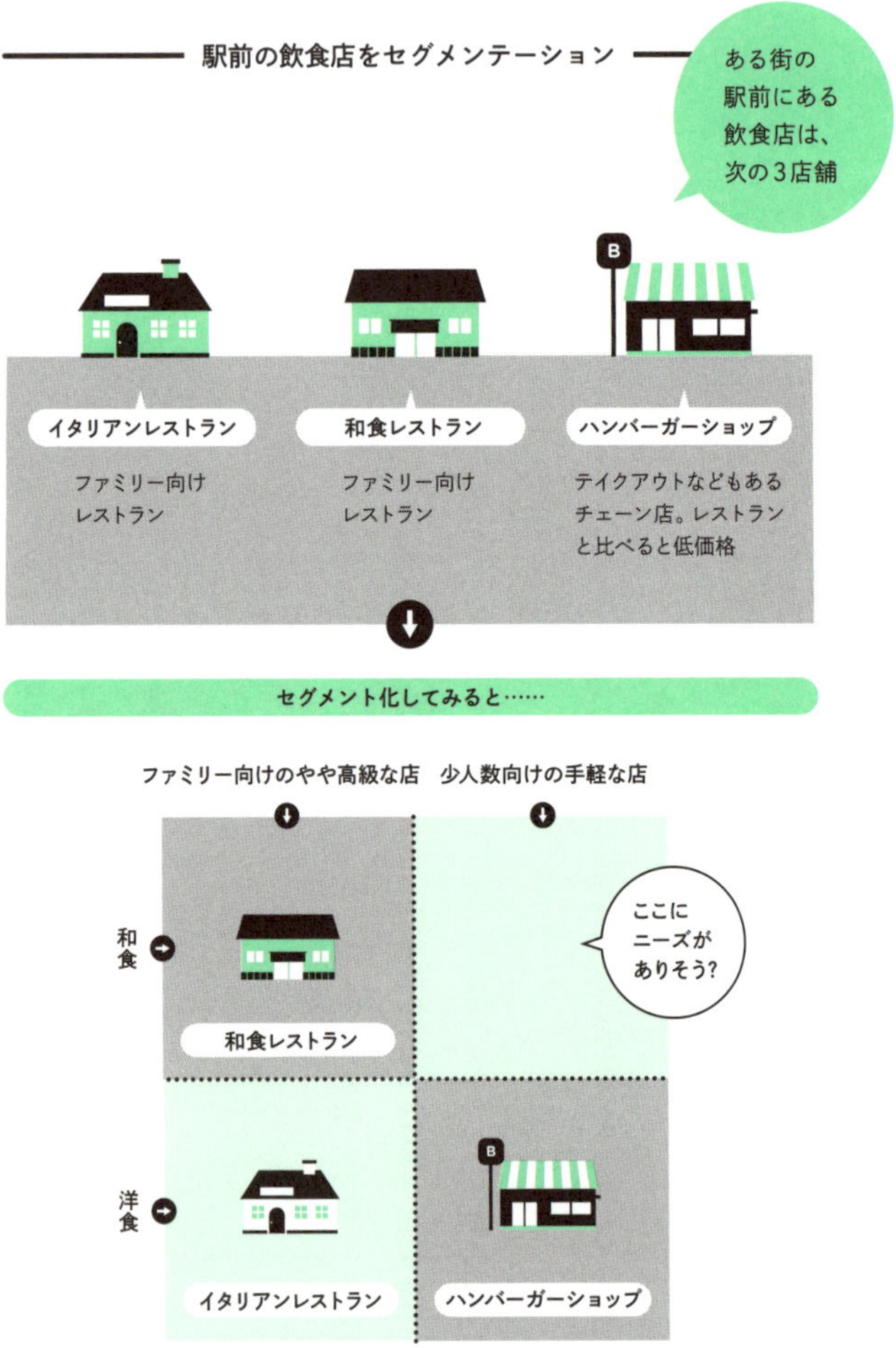
駅前の飲食店をセグメンテーション
ある街の駅前にある飲食店は、次の3店舗
イタリアンレストラン
ファミリー向けレストラン
和食レストラン
ファミリー向けレストラン
ハンバーガーショップ
テイクアウトなどもあるチェーン店。レストランと比べると低価格
セグメント化してみると……
ファミリー向けのやや高級な店
少人数向けの手軽な店
和食
洋食
和食レストラン
ここにニーズがありそう?
イタリアンレストラン
ハンバーガーショップ

図は、ある駅前の3つの飲食店をセグメント化してみたものです。見てみると「テイクアウトなどにも対応し、一人の客でも手軽に利用でき、かつ和食メニューを提供するお店」が、近くにはないことがわかります。市場に商品が提供されていないということは、ニーズがあるかもしれないということです。

セグメンテーションで重要なのは、顧客を区分する切り口の付け方。最初にあげてみた「価格帯」という切り口だけでは、セグメントが明確になりません。顧客をMECE（P014）で分析して、最適なものを選択する必要があります。

やるじゃん。

Q

クイズ

セグメンテーションの日本語に当てはまらないのはどれ？

A 階層化
B 区分化
C 明確化

答え／P.099

KEYWORD

024

ターゲティング

この商品は誰が買いたいもの?

化粧品を販売するとき、どんな人に「買いたい！」と思ってもらえるようにアピールしていくべきでしょうか？

「女性！」と答えたあなたは半分正解ですが、もう少し細かく掘り下げてみましょう。例えばその商品を注意深く見たときに、若い年代に人気の色合いであったとしたらどうでしょうか？　主なお客さんは10代後半～20代後半のはずです。

ここまでわかれば、若い女性に人気の女性ファッションモデルをＣＭに起用したり、若い女性向けの雑誌に広告を掲載する、といった具体的なマーケティングが考えられるようになりますね。

このように、**販売対象となる顧客を決定すること**をターゲティングといいます。

しかし、市場にどんな種類の顧客がいるのかがわかっていなければ、対象を決めることはできませんよね。そこで必要になってくるのが、市場のセグメンテーション（Ｐ０６６）を行い、顧客の種類を知ることです。

セグメンテーションとターゲティングはセットで使われることが多いので、一緒に覚えておきましょう。対象となる顧客が決定すれば、その商品をどうやって販売していくか、マーケティングの方向性も決められるようになる、というわけです。

販売する商品がまだできていない、これから開発していこうという段階でもこれらは役に立ちます。

セグメンテーションの章で紹介した、駅前にある飲食店の例を思い出してみてください。イタリアンと和食という、2つのファミリー向けレストランと、気軽に利用できるハンバーガーショップの3つがある駅前です。この駅前の市場を「和食／洋食」「ファミリー向けのやや高級店／少人数向けの手軽な店」という2つの切り口で、4つのセグメントに分割してみました。

では、この駅前に新たな飲食店を出店しようとした場合、この4つのセグメントのうちどこにターゲティングするべきでしょうか？

もちろん、競合店のない「和食／少人数向け」というセグメントに絞って出店するのが、効率的に売上を伸ばせるでしょう。

となると、手軽な価格でテイクアウトもできる和食のお店、例えばおにぎり専門店などを出店するのがよさそうだ、とアイデアが出せるようになりますね。

商品を開発すること、市場・顧客をセグメンテーションすること、そしてターゲティング。この3つは密接な関わりを持っているので、おさえておけば自然と適切なマーケティングが見えてくるようになるはずです。

やるじゃん。

Q

クイズ

ターゲティングと最も深い関わりを持つのは次のうちどれ？

A 市場のセグメンテーション
B 商品の販売
C 他企業との競合

答え／P.099

KEYWORD

025

4P/5P戦略

4色ボールペンの戦略を立ててみよう

マーケティングの目的とは**顧客のニーズに応え、売上を伸ばすこと**です。

では、ここで問題！

次のうちどれがマーケティングと呼べるでしょうか？

①：今までになかった魅力的な商品を開発する。
②：できるだけ販売価格を安くして、よりシェアを伸ばす。
③：または逆に価格を上げて、利益率をアップさせる。
④：販売する店舗数を増やし、全国どこでも買えるようにする。
⑤：ＴＶＣＭやネット、あるいは雑誌などに広告を出す。

正解はなんと、全部！　実は、売上を伸ばすために考えられる方法・手段はなんでも「マーケティング」と考えられてしまうのです。

そう考えると、簡単でしょ？

え？　かえって何を実行すればいいのかわからない？

そんなときに役立つのが、マーケティングを実行するときに基軸として考えるべき4つ、あるいは5つのポイントをまとめた4P／5P戦略です。

どんな商品（Product）を、**どんな価格**（Price）で、**流通手段・売り場**（Place）はどこで、**どんな販売・販促方法**（Promotion）を使うのか。これらの4つの「P」を起点に戦略を組み立てることを、マーケティングでは4P戦略と呼んでいます。また、商品の外装やデザイン（Package）という要素を加えて5P戦略とも呼ばれることがあります。

具体例で考えてみましょう。

新しく学生向けに発売する4色ボールペンを4Pで分析し、マーケティングをするなら、こんな感じになります。

- 商品（Product）……マーカーとして使われることを想定し、赤青緑黄の四色。
- 価格（Price）……他社の商品よりも低価格に設定。
- 流通（Place）……書店や文具店よりも、コンビニへの入荷数を増やす。
- 販促（Promotion）……10代向けの漫画雑誌に広告を掲載。

このように4P／5Pで分析をすると、ターゲットに向けての戦略が適切でバランスよく組み合わさっているか、俯瞰して見ることができるのです。

やるじゃん。

Q クイズ

4P／5P戦略に当てはまるPのつく言葉はどれ？

A Performance
B Place
C Process

答え／P.099

KEYWORD

026

SWOT分析（スウォット）

スウェットをSWOTで分析

「最近、商品の売上が全社的に伸び悩んでいる。とくに衣料品部門はずいぶん長い間、停滞し続けている。改善案をまとめて、来週の会議までに提出して欲しい」

上司からこんな指示を受けたとしたら、あなたはどうしますか？

こんな感じの提案は会社ではよくありますが、正直どこか漠然としているし、何から手を付けていいかわからないですよね。

安心してください！　こういうときにピッタリの方法があるんです。

自社商品を改善するには、まず商品を分析し、情報を整理する必要があります。商品の売上に影響を及ぼす要因を、「プラス要因／マイナス要因」「内部要因／外部要因」の2つの軸で分割し、**Strength（強み）**、**Weakness（弱み）**、**Opportunity（機会）**、**Threat（脅威）**の4つの象限に整理してみましょう。

この分析方法を、頭文字を取ってSWOT分析と呼びます。

SWOT分析の例

**売上が伸び悩んでいる
スウェット衣料の販売数を伸ばすには？**

	プラス要因	マイナス要因
内部要因	**S** STRENGTH **強み** ・色やサイズなど、製品の種類の豊富さ ・ネットショップでのシェア数の多さ → どう活かすか？	**W** WEAKNESS **弱み** ・実店舗でのシェア数の少なさ ・他社と比べて、価格が割高 → どう改善するか？
外部要因	**O** OPPORTUNITY **機会** ・オリンピックシーズンの運動ブームでスポーツウェアの需要増 → どう利用するか？	**T** THREAT **脅威** ・安価な海外製品の流入 → どう対処するか？

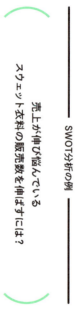

バラバラの議題をSWOTに分類し、長所をどう伸ばすか、
または短所をどう取り除くかを考えると、自然に解決策が見つかる

ある目標を設定し（ここでは売上を伸ばすこと）、SWOT分析を行うことで、目標の達成に向けて何を行えばいいかがわかりやすくなります。

簡単にいうと商品を良くするために、伸ばすべきポジティブな要素と改善すべきネガティブな要素を図でまとめてみよう、ということです。また、事業や商品の内部要因と外部要因を区別しているのがSWOT分析の特徴です。

内部要因は、自分たちの行動で改善することができますが、外部要因は自分たちで解決することが難しいものでもあります。取り除くか、避けると良いでしょう。

やるじゃん。

Q

クイズ

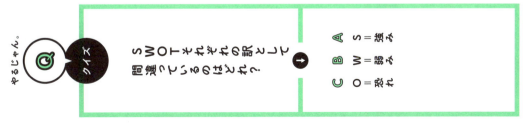

SWOTそれぞれの訳として間違っているのはどれ？

A S＝強み

B W＝弱み

C O＝恐れ

答え／P.099

KEYWORD

027

FAW

変化を見つけてオートバイを売ろう

今まで売れていた商品が急に下火になった、今までになかった商品が業界に出てきた……など、ビジネスの環境は刻一刻と変化していきます。

そんな業界や市場全体の変化にはいち早く気づきたいものですが、なかなか業界全体を見渡すのは難しいものですよね。

ＦＡＷは、**業界全体を分析し、市場の影響を予想するためのツール**です。ＦＡＷは、「Forces At Work」の頭文字で、日本語に訳すと影響要因という意味です。つまり、業界に影響をおよぼすような要因を、ひとつひとつ整理するということです。

ＦＡＷでは、２つの切り口で要因の分析を行います。

１つ目は、業界内部の競合状態を把握するための要因群（業界構造）、２つ目は業界を取り巻く外部環境の変化をとらえるための要因群（外部環境）です。

例えば「最近オートバイが売れなくなってきている」という状況をＦＡＷでまとめてみると次のような感じです。

FAWで、業界の競争構造を分析

オートバイの売上が落ちている原因は？

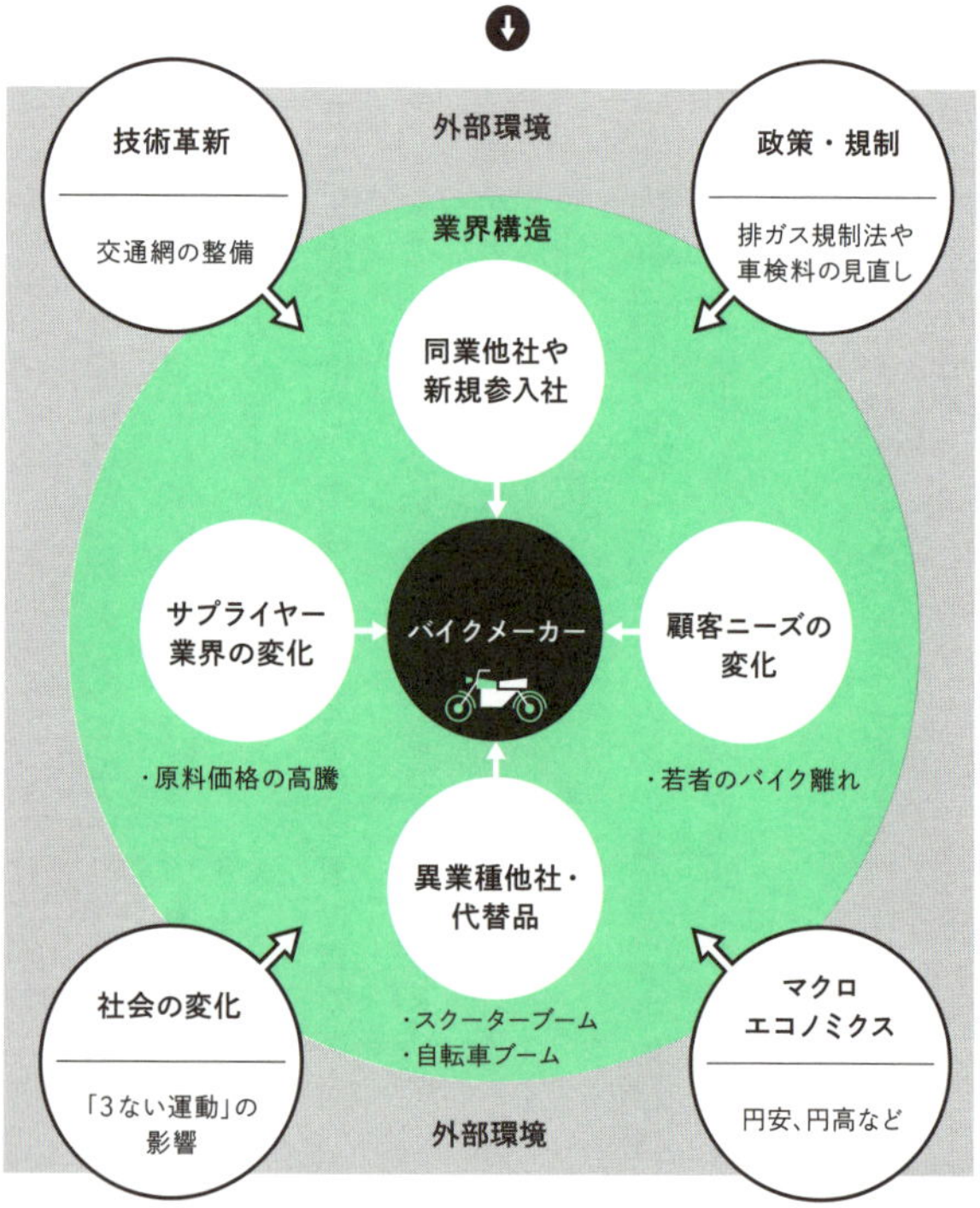
外部環境
技術革新
交通網の整備
政策・規制
排ガス規制法や
車検料の見直し
業界構造
同業他社や
新規参入社
サプライヤー
業界の変化
バイクメーカー
顧客ニーズの
変化
・原料価格の高騰
・若者のバイク離れ
異業種他社・
代替品
・スクーターブーム
・自転車ブーム
社会の変化
「3ない運動」の
影響
マクロ
エコノミクス
円安、円高など
外部環境

要因を探るために図に書き出してみると、分析がしやすい

業界構造は、「同業他社の戦略変更や新規参入社の登場」「顧客ニーズの変化」「代替品となる異業種他社商品」「サプライヤー業界（部品や原料の生産者）の変化」の4つです。これらは、業界内に直接影響を与える要因です。

外部環境は、「技術革新」「政策・規制の変化」「社会の変化」「マクロエコノミクス（経済状況）の変化」の4つ。これらは、業界の外から影響を与える要因です。業界に影響をおよぼす要因を構造的に把握でき、市場全体の変化に敏感でいられること、これがFAWの強みです。

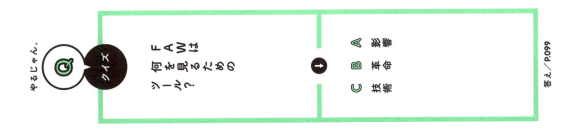

やるじゃん。

Q クイズ

FAWは何を見るためのツール？

A 影響
B 革命
C 技術

答え／P.099

KEYWORD

028

3C/4C分析

プロジェクトの全体像を
分析する4つの「C」って？

「来月から、新しいプロジェクトを始めることになった。まずは、マーケティングの方向性を決めるための資料を集めてほしい」

「わかりました！」

……と、答えたはいいものの、「方向性」とはどうやって決めていけばよいものなのでしょうか。

ある程度プロジェクトや事業の内容が固まっていれば、足りない情報や、解決すべき問題点は見えてきます。それらを洗い出していけば、対策を立てるために必要な資料は作れるでしょう。

では、まったく新しいプロジェクトを始めるときには、なにから手をつけたらいいのでしょうか？　そんなときに役立つのが「3C／4C」です。

顧客分析（Customer）、競合分析（Competitor）、自社分析(Company/Capability)の3つのCと、これに流通分析（Channel）を加えた4つのCを「3C／4C」と呼びます。

では、それぞれのCを見ていきましょう。

- 顧客分析（Customer）……**最も重要となるポイントが顧客**です。参入する市場の顧客をセグメンテーションし、ターゲティングを絞り込みます。
- 競合分析(Competitor)……二番めに重要なのは、競合他社の動向を知ること。戦略やシェア率、その他ブランドイメージや強み、弱みを分析しましょう。
- 自社分析(Company/Capability)……自分の戦力を知ることも大切です。自社の技術力や販売力、ブランドイメージなど、長所と短所を洗い出します。
- 流通分析（Channel）……流通は市場に関わるもう一つの要素。運送会社や小売業者、あるいは広告会社などのビジネスパートナーを分析します。

「3C／4C」に沿って情報を整理していけば、新しい事業やプロジェクトの全体像を把握しながら、偏りなく分析を進められます。

例えば、「顧客は機能よりも価格の低さを重視している。自社としてはコストカットに努めていこう」とか「競合他社はWEB媒体での広告が少ない。販促はネット広告を重視しよう」など、それぞれのCの関係を分析していくと、マーケティングの方向性も見えてきます。

やるじゃん。

Q

クイズ

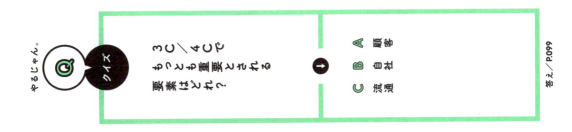

3C／4Cでもっとも重要とされる要素はどれ？

A 顧客

B 自社

C 流通

答え／P.099

KEYWORD

029

PPMマトリクス

花形事業には水をやろう

「海外から食料品を輸入して販売する事業は安定してきたなあ。でも、食器類の輸入販売が軌道に乗るのにはまだまだ時間がかかりそうだぞ。Ｔシャツの輸入は、前は好調だったけど最近はさっぱりだ。まだ巻き返せるような気もするけど……」

ある輸入品販売会社で、こんな悩みがあったとします。

かけられるお金や、携われる人材は限られているので、効率よく利益を上げるためには、投資するべき事業を選ばなければなりません。では、どんな事業に投資すべきなのでしょうか？

そんなときに役立つのが、ＰＰＭマトリクス（Product Portfolio Management／商品ポートフォリオ管理）と呼ばれる分析法です。

ＰＰＭマトリクスでは、**事業を「成長性」と「シェア」という2つの切り口で分類し、事業の伸び縮みを見ます。**

PPMマトリクス

事業は野菜や果物のように出来、不出来を判断できる

	シェア大	シェア小
成長性大	**花形** 花が咲き、実を結ぶ直前 水をやる余地がある 高い利益が望める事業。投資したぶん利益が上がる	**問題児** 小さな目が出たばかり しっかり水をやる段階 市場は伸びているが、まだシェアが少ない事業。花形になるかもしれないので投資をすべき
成長性小	**金のなる木** 水をやらなくても 成長していく 売上を保てる事業だが、反面、成長性は低いので投資には不向き	**負け犬** 枯れてしまい、 収穫できなくなった事業 売上も利益も期待できない。撤退を検討すべき

「問題児」や「花形」であっても失敗すると負け犬に移行してしまう。このマトリクスに当てはめることで、力を注ぐべき事業を見定めることができる

PPMマトリクスでは、事業を野菜や果物のようにたとえることができます。つまり、投資とは水や肥料をやること。作物に花が咲き、実がなってからはじめて利益を得ることができます。成長途中の事業（花が咲くまでの段階）で投資をおこたれば、利益を上げる前に事業は縮小してしまいます。**また、一定の成長を遂げた事業（実を結んだ後の段階）に投資し続けても、利益率は伸びにくい**のです。

単純に、伸び悩んでいる事業に投資すればいい、というものではなく、その事業がライフサイクルのどの段階にあるのかを見極めましょう。

やるじゃん。

Q

クイズ

PPMマトリクスで投資を控えるべきとされる事業の分類は？

A 花形

B 問題児

C 金のなる木

答え／P.099

KEYWORD

030

VRIO分析

4つのポイントで
ラクラク商品分析

「顧客のニーズを分析して、競合他社の情報も集まった！　でも、商品の販売戦略をまとめるには、何かが足りていない気がする……」

顧客のニーズや、競合他社の商品といった情報がいくらあっても、自社の商品や事業のことを把握できていなければ、意味がありません。

「顧客からは、ここが魅力的に思ってもらえそうだ」とか「他社のものよりもここがすごい」といった要素がわからなければ、何を主軸に販売戦略を立てればいいか見えてこないからです。

ＶＲＩＯ分析は**自社商品の持つ強みを分析し、より発揮できるように補強するためのフレームワーク**です。「ＶＲＩＯ」は、「Value（経済価値）」「Rarity（希少性）」「Imitability（模倣可能性）」「Organization（組織）」の４つの頭文字です。

といっても、これだけではわかりづらいですよね。

ひとつひとつのキーワードをもう少し詳しく見ていきましょう。

● **Value（経済価値）**

商品や事業の持つ価値を表します。ここでいう価値とは、市場での価値。つまり、商品が顧客のニーズにあっているかどうかです。よりニーズのある商品の方が、市場では強い（＝よく売れる）ですよね。

● **Rarity（希少性）**

商品や事業が、自社独自のものかどうかです。競合する商品が少なければ、シェアを伸ばしやすいのは当然です。

競合する商品があっても「この機能を持つ商品はうちだけ」とか「この味つけはうちのお菓子だけ」のように、部分的に独自性があれば強みになります。

- **Imitability（模倣可能性）**

　希少性があっても、他社から真似されやすければあまり意味はありません。長年培ったブランド力や独自のノウハウなど、他社がすぐに真似できないような部分があった方が強みになります。

- **Organization（組織）**

　いくら強みがあっても、組織や体制がなければ活かすことができません。強みを把握して、それらを販売戦略に組み込めるような組織づくりが必要です。

　分析を行うときには、これらのポイントを「ＶＲＩＯ」の順にひとつずつ「ＹＥＳ／ＮＯ」で診断していきます。

　そして、分析したら終わり、としてはいけません。

「新技術に希少性はあるが、他社から真似されやすそうだ。特許を申請しよう」
「従来の販売方法では、独自性をアピールできない。販売体制を見直そう」
こんな感じで、ひとつひとつのハードルを越えていくことで、強みを充分に発揮できるようになるのが、VRIO分析の魅力です。

やるじゃん。

Q

クイズ

VRIO分析が役に立つのはどんな場面？

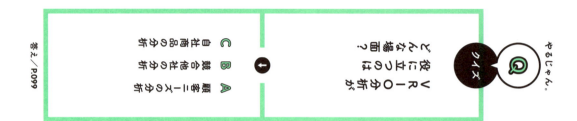

A 顧客ニーズの分析
B 競合他社の分析
C 自社商品の分析

答え／P.099

ちゃんと理解できてる？

KEYWORD
031 - 040

これも重要！ビジネスカタカナ語

KEYWORD	
031 コンバージョン	「変換」や「交換」という意味の英単語。ネット広告分野では、広告を見て商品購入に向かうような行動をとった人のことを指す。
032 コンプライアンス	本来の意味は、企業が法律を順守すること。派生して、企業間での取り決めやモラルを守ることの意味で使われることも。
033 サスティナビリティ	ある企業が将来的にも安定した収益を上げ続け、成長する可能性を持っていること。本来は「持続可能性」という意味。
034 サードパーティ	あるハードやOSの対応製品を販売しながらも、ハードやOS自体の開発や販売は行っていない企業のこと。パーティのことではない。
035 サマリー	要旨のこと。大体「サマリーで教えてよ」などと使う。要旨がほしいくせに自分の話はとてつもなく長い上司もいるので注意。
036 シナジー	複数企業や社員が連携することで、単独よりも大きな結果を出せるようになること。友人と盛り上がったときにもある種のシナジーが起きたといえる。
037 ジャストアイデア	ここでの「ジャスト」は「ちょうどいい」ではなく「ただの」という意味。この言葉が出ると本当にただの思いつきのパターンが多い。
038 シュリンク	「縮小」という意味。使いやすいからか、業界はシュリンクしている、など本当にいろいろな場所で使われている。エビのことではない。
039 スキーム	「枠組みを持った計画」という意味。つまり、計画のなかでも、全体を構成する仕組みがしっかりとしたもののことを指す。
040 ゼロサムゲーム	参加者全員の利益と損益を合計すると、総和がゼロになるようなゲーム、あるいは状況のことをいう。

クイズの答え

A

p061...B p065...A p069...C p073...A p077...B
p081...C p085...A p089...A p093...C p098...C

YARUJAN

CONTENTS

CHAPTER

3

事業戦略重要ワード10

企画力、戦略力が上がる！

KEYWORD

041

ビジネスモデル

事業を作るための5つのポイント

突然ですが、質問です。

例えばまったく新しい事業を始めることになったら、あなたは何かアイデアを持っているでしょうか？

もし具体的な商品や販売法のアイデアを持っている人がいたとすれば、それがビジネスとして成立するか、判断ができるでしょうか？

それが判断できるようになるには「ビジネスモデル」の概念を理解することが必要不可欠なのです。

「ビジネスモデル」とは、**その事業がいかにして収益を上げるか？　という事業活動の仕組みを表した言葉**です。

そもそもビジネスの目的は、顧客を満足させるという形で社会に貢献することと、それによって収益を得ることです。その目的を踏まえたうえで、ビジネスモデルを作り上げることが、新しいビジネスを始める第一歩になるのです。

具体的に、ビジネスモデルを構築するときにおさえておくべきポイントを紹介していきましょう。重要なのは、次の5つのポイントです。

①：「顧客」誰を顧客にするのか？
②：「顧客価値」どんな商品やサービスを提供するのか？
③：「経営資源」必要なもの（人材、物、金、流通手段、技術など）はなにか？
④：「差別化」ほかのビジネスとどうやって差別化するのか？
⑤：「収益」どうやって収益を上げるのか？

では、アイデアがまったくない状態で、新しいビジネスを始めなければならなくなったときには、どうすればよいでしょうか？

そんなときには、この5つのポイントを基に、すでにあるビジネスを分析してみるとよいでしょう。そうすれば、上手く回っているように見えるビジネスでも、改良点を見つけられるかもしれません。

例えば、あるネット販売ビジネスを経営するならこんな感じでしょうか。

「この販売方式は、最近似たような競合企業が増えつつある。このままでは他と差別化できずに、今までのような収益を上げることは難しくなるかもしれない。今の経営資源で、差別化できるようにするにはどうすればいいだろうか」

既存のビジネスモデルを分析して改良を加えられれば、それも立派に「新しいビジネスモデルを構築する」ことになるのです。

やるじゃん。

Q

クイズ

ビジネスモデルとは何？

A 収益を上げる仕組み

B 事業を改善する仕組み

C 経営する仕組み

答え／P.141

KEYWORD

042

コトラーの競争地位戦略

企業ごとの経営戦略4タイプ

経営戦略とは、**どうやって他社よりも利益を伸ばすかという方法論のこと**です。例えば、ある業界にいくつかの競合企業があった場合、それぞれの企業はどんな経営戦略をとればいいでしょうか。

「成功者の戦略が一番優れているに違いない。だからその業界で最も成功している企業の戦略を真似すればいい！」

もちろん成功企業の戦略を模倣し、発展させていくという方法も一つの方法です。とはいえすべての企業に成功している企業の戦略が当てはまるとは限りません。同じ業界にある企業でも、それぞれの企業で規模も異なれば、得意分野も異なります。そのため、その企業に合った経営戦略を分析し、的確に実行することが重要となるのです。

アメリカの経済学者フィリップ・コトラーは、企業を4つのタイプに分類し、タイプごとに最適な経営戦略の方針をまとめました。

競争地位戦略

経営資源の量と質で企業を4つのタイプに分類できる

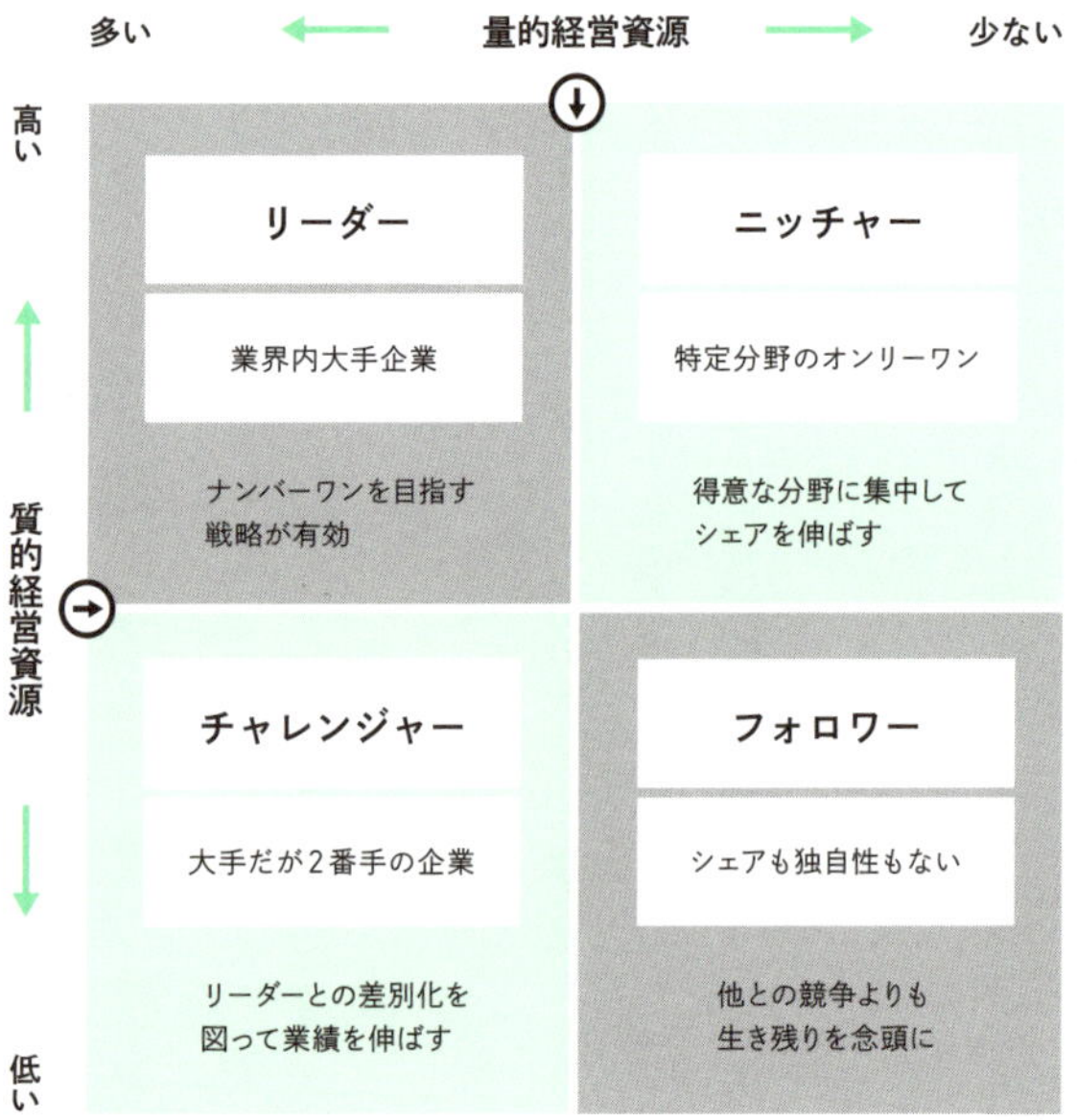
多い
量的経営資源
少ない
高い
質的経営資源
低い
リーダー
業界内大手企業
ナンバーワンを目指す
戦略が有効
ニッチャー
特定分野のオンリーワン
得意な分野に集中して
シェアを伸ばす
チャレンジャー
大手だが2番手の企業
リーダーとの差別化を
図って業績を伸ばす
フォロワー
シェアも独自性もない
他との競争よりも
生き残りを念頭に

量的経営資源：技術者や営業マン、資本や設備など
質的経営資源：技術力やブランド力など

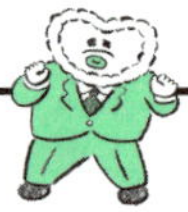

タイプ（業界内での地位）ごとに有効な戦略が変わってくる

これを「コトラーの競争地位戦略」と呼びます。

競争地位戦略では、企業は「経営資源の量と質」という、2つの切り口によって分類されます。より経営資源の量が多く、質が高い企業の方が業界の中では大手になるわけですね。

自社の経営戦略を考えなければならないときは、**自社が業界内のどの地位にいるのかを分析してみましょう。**

そうすれば、とるべき経営戦略の方針がある程度固められます。

やるじゃん。

Q

クイズ

競争地位戦略で最大手に分類される企業がとるべき戦略は？

A 得意分野に集中

B オンリーワンを目指す

C ナンバーワンを目指す

答え／P.141

KEYWORD

043

アンゾフの多角化戦略

大企業が合併を繰り返す理由

最近、企業の合併ってとても多いですよね。

経営がまずいから？　力が足りないから？　いろいろな形で見ることができますが、実はとても理にかなっている企業の成長戦略なんです。

アメリカの経済学者であるイゴール・アンゾフは、経営戦略の種類を体系化した人物として知られています。アンゾフは、企業が成長する方法を「製品を新しくする／しない」「市場を開拓する／しない」という２つの切り口から分類し、**あらゆる経営戦略はこの４タイプのいずれかに当てはまる**と考えました。

アンゾフが提唱した４タイプの中でもっとも有名なのは、「新しい製品」で「新しい市場」に挑戦する「多角化戦略」と呼ばれる戦略です。

多角化戦略を採用すると、まったく新しい分野に挑戦することになるので、失敗するリスクが高いとされます。しかし、その分ハイリターンとも考えられています。

アンゾフは、多角化戦略をさらに４つのタイプに分類しました。

多角化戦略

例：カップラーメンを販売している会社が多角化戦略を取り入れるとすると…

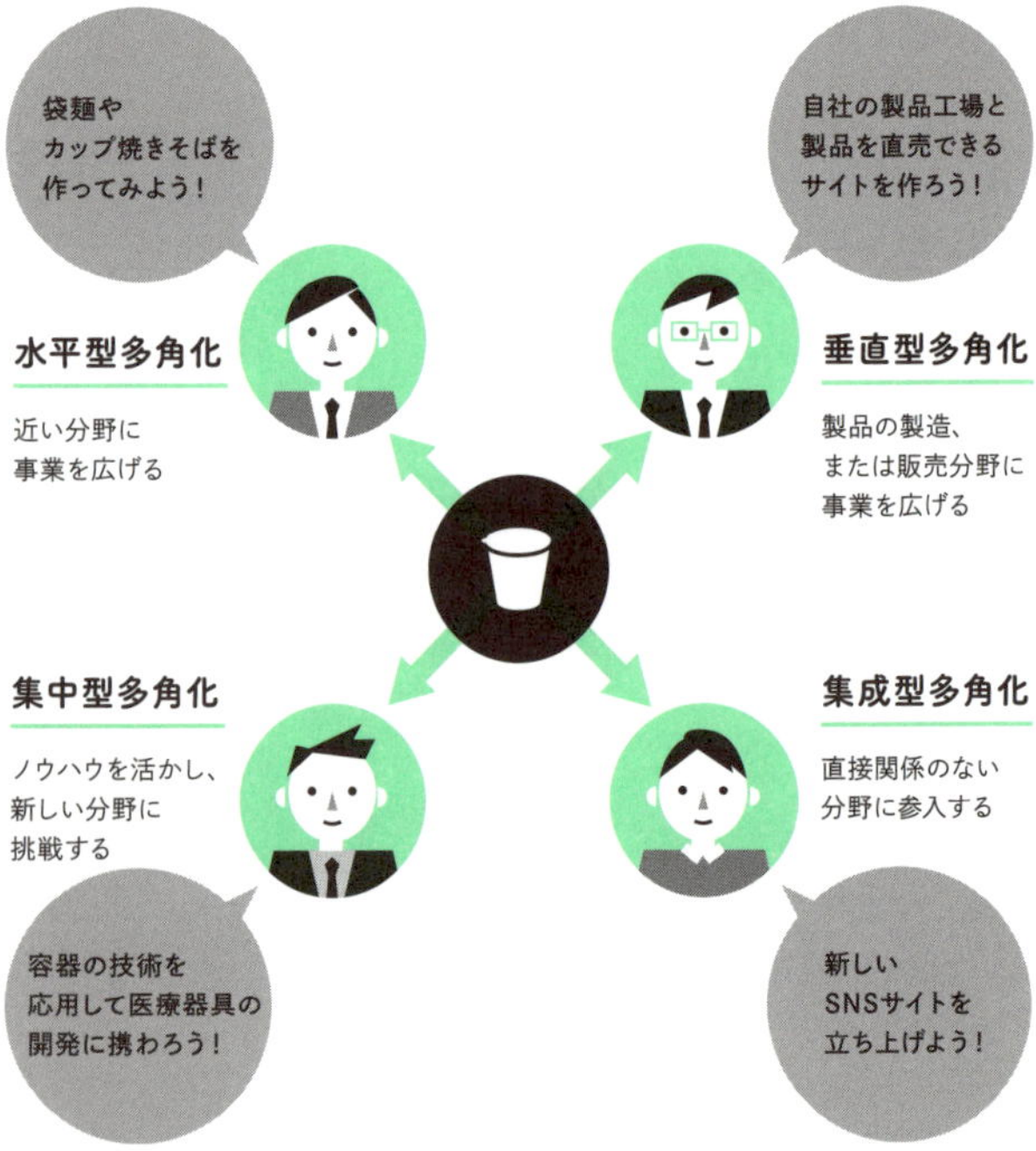
袋麺や
カップ焼きそばを
作ってみよう！
水平型多角化
近い分野に
事業を広げる
自社の製品工場と
製品を直売できる
サイトを作ろう！
垂直型多角化
製品の製造、
または販売分野に
事業を広げる
集中型多角化
ノウハウを活かし、
新しい分野に
挑戦する
容器の技術を
応用して医療器具の
開発に携わろう！
集成型多角化
直接関係のない
分野に参入する
新しい
SNSサイトを
立ち上げよう！

多角化戦略とは ➡ **新しい市場と製品を開発し、事業の拡大をすること**

図に紹介したものが、その4タイプの多角化戦略です。

いずれのタイプの多角化戦略も、企業に十分な力がなければ採用が困難な成長戦略です。しかし多角化に成功すれば、ひとつの企業が抱えるリスクが分散されるというメリットがあります。

一種類の商品しか扱っていない店は、その商品が入荷できなくなったら、そのまま売上がなくなってしまいますよね。だから余力のある大企業ほど、ほかの企業を合併・買収してできるだけ事業を多角化しようとするのです。

やるじゃん。

Q

クイズ

「自動車メーカーが販売店を持つ」ことは、どんな多角化戦略？

A 水平型多角化

B 垂直型多角化

C 集成型多角化

答え／P.141

KEYWORD

044

ERM

リスクを効率的に解決！

企業を経営する上で、「リスク」はつきものです。

例えば、自社の工場で労災事故が起こり大勢の怪我人が発生したり、財政が悪化して多くの関連企業の経営を悪化させてしまう。あるいは、ささいなミスが原因になって、契約を取り逃してしまう……。

あらゆるリスクを未然に回避、あるいは被害の拡大を防ぐための試みを「リスクマネジメント」と呼びます。

従来のリスクマネジメントでは、問題の発生した部署の人間が各々でリスクに対応すればよいと考えられていました。しかし、これには限界がありました。**企業の経営が複雑化・巨大化していくと、個別のリスクマネジメントでは抜け・漏れが出てきたのです。**

複数の部署に関わるリスクなどでは、担当者が複数いることになります。最悪なのは、それぞれの担当者が「相手がやると思っていた」結果、どちらもリスクを見過ごしてしまう状態でしょう。

ERMとは

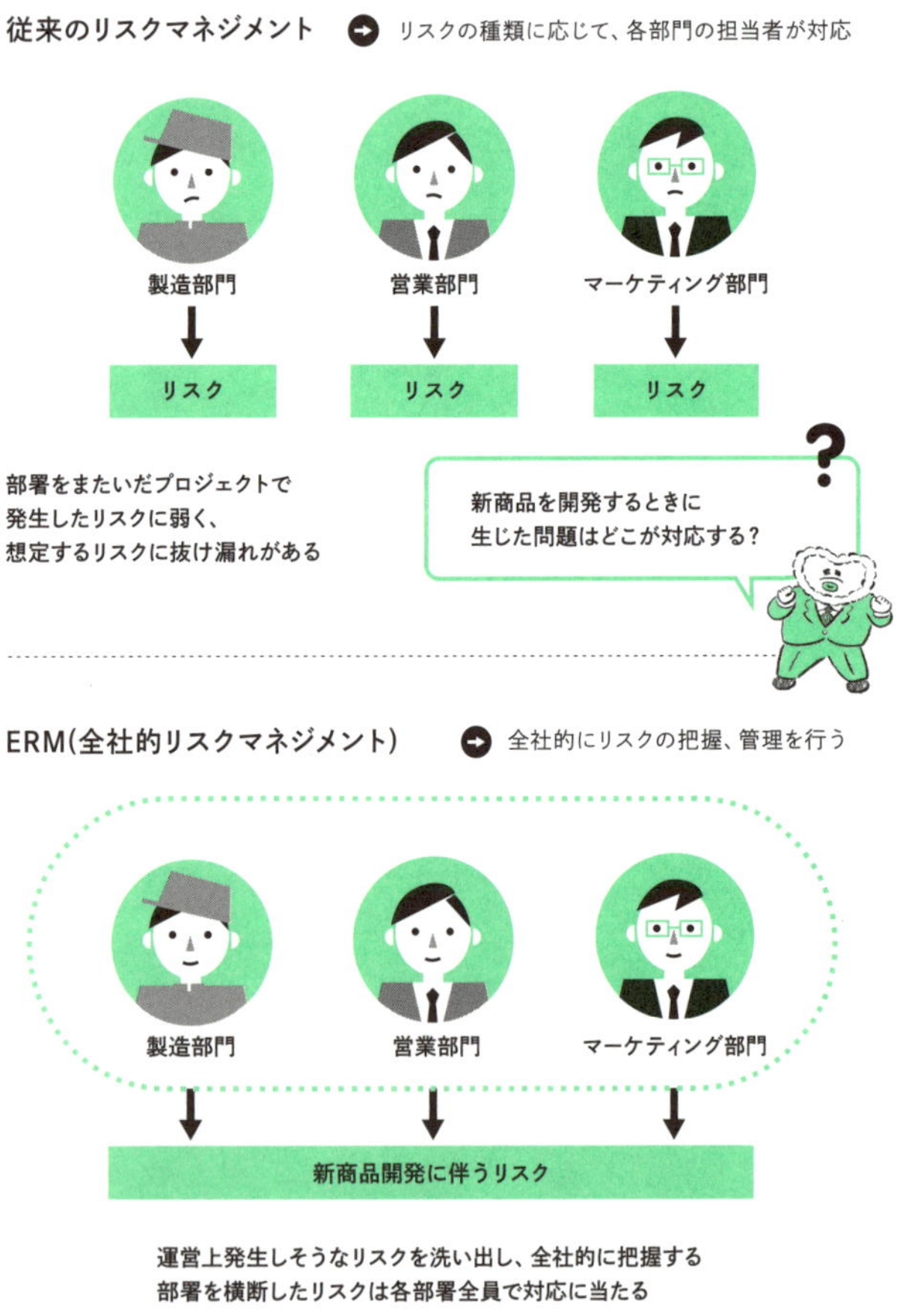
従来のリスクマネジメント
リスクの種類に応じて、各部門の担当者が対応
製造部門
営業部門
マーケティング部門
リスク
リスク
リスク
部署をまたいだプロジェクトで
発生したリスクに弱く、
想定するリスクに抜け漏れがある
新商品を開発するときに
生じた問題はどこが対応する？
ERM(全社的リスクマネジメント)
全社的にリスクの把握、管理を行う
製造部門
営業部門
マーケティング部門
新商品開発に伴うリスク
運営上発生しそうなリスクを洗い出し、全社的に把握する
部署を横断したリスクは各部署全員で対応に当たる

そこで考えられたのが「ＥＲＭ」（Enterprise Risc Management／全社的リスクマネジメント）という仕組みです。あらかじめ発生しそうなリスクを洗い出し、各部署のリスクマネジメントの担当者も全社的に管理します。

このように、リスクへの対応をより効率的に行えるようにしようという試みがＥＲＭなのです。

やるじゃん。

Q

クイズ

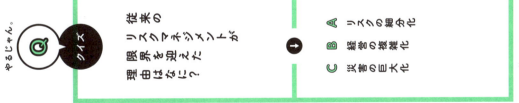

従来のリスクマネジメントが限界を迎えた理由はなに？

A リスクの細分化
B 経営の複雑化
C 災害の巨大化

答え／P.141

KEYWORD

045

グローバル スタンダード

世界中で戦える商品戦略

世界規模で貿易が自由化され、流通技術も発達した現代。より事業を拡大するためには、国内の市場を飛び出して、国外の市場を視野に入れた経営戦略が必要になってきます。

そこで重要になってくるのが、「グローバルスタンダード」という概念。これは「世界標準」という意味の和製英語で、言い換えると「世界中どこの国でも、同じ基準や規格が採用されていること」という考え方です。

例えば、海外旅行をしたことがある人なら知っていると思いますが、家庭用のコンセントは、国によって差込口の形状も電圧も異なります。日本製のドライヤーをヨーロッパに持っていったけど、コンセントがあわなくて使えなかった……こんな失敗談はよく聞きますよね。つまり、コンセントを使う電化製品はグローバルスタンダードではない、といえます。

一方、ＵＳＢはどうでしょうか。世界中どこの国に行っても、ＰＣについているＵＳＢの差し込みポートは同じ形をしていますよね。ＵＳＢはグローバルスタンダードの典型的な例です。

ＵＳＢのように、**世界中どこの国でも同じ規格で使用できる商品を開発し、それを世界中の国の市場で発売するような経営戦略**のことを、「グローバルスタンダード戦略」と呼びます。

この戦略では市場規模が世界範囲なので、シェアを広げれば国内市場とは比べ物にならないほど莫大な利益を見込むことができます。

また、物価や人件費の安い国に工場を造り、そこで製造することで、国内で生産するよりもコストを抑えて大量生産することができます。

しかし、グローバル戦略では０から新しい規格を開発し、各国に受け入れてもらう必要があります。しかも国によって人々の趣味や嗜好はさまざま。当然、売れるものも異なってきます。

簡単にいえば、高い利益を望むことができる反面、商品開発が難しいという難点があるわけです。

アップル社のｉＰｈｏｎｅなどは、これらの点をクリアし、グローバルスタンダード戦略で成功した最たる例といえるでしょう。

やるじゃん。

Q クイズ

「グローバルスタンダード」の強みはどこ？

A 市場規模
B 商品開発
C 品質管理

答え／P.141

KEYWORD

046

ポーターの競争優位の戦略

競合他社より優位に立つ方法

「競争優位」とは、アメリカの経済学者であるマイケル・E・ポーターが提唱した概念です。企業が他社より優位に立つには、他社の製品よりも優れた点を持っている必要があるということです。

簡単に説明してみましょう。

同じ種類の商品が店頭に並んでいたとき、なにを基準に選びますか？

同じような見た目で性能もほぼ同じなら、多くの人は価格の安い方を選ぶでしょう。逆に価格が同じなら、見た目が気に入った方や性能のよい方を選ぶはずです。

つまり、**競争優位の状態を作るためには、製品のコストを下げるか、他の製品と外見や性能を差別化する、2種類の方法が考えられる**というわけです。

次の図は競争優位を作り出すための具体的な方法と、メリット・デメリットを挙げたものです。これらの経営戦略を「ポーターの競争優位の戦略」と呼びます。

「コストを下げる」「差別化する」という2種類以外にも、「販売する市場を限定する」という方法も、「集中戦略」と呼ばれる競争優位の戦略の一種です。

競争優位戦略

例：液晶タブレットの戦略ならば……

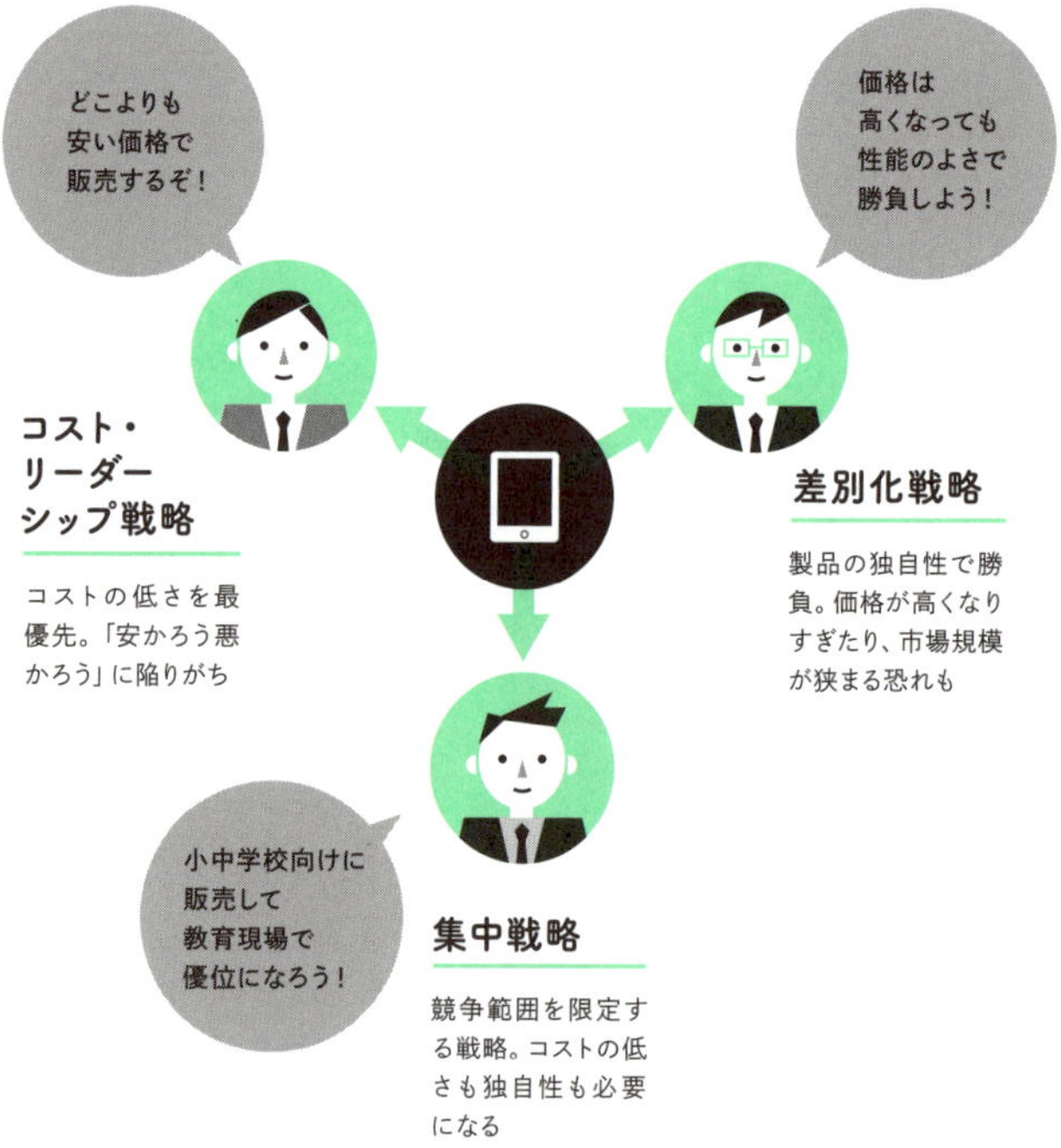
どこよりも
安い価格で
販売するぞ！
価格は
高くなっても
性能のよさで
勝負しよう！
コスト・
リーダー
シップ戦略
コストの低さを最優先。「安かろう悪かろう」に陥りがち
差別化戦略
製品の独自性で勝負。価格が高くなりすぎたり、市場規模が狭まる恐れも
小中学校向けに
販売して
教育現場で
優位になろう！
集中戦略
競争範囲を限定する戦略。コストの低さも独自性も必要になる

競争優位戦略とは ➡ **企業間競争で優位に立つために製品のコストを下げるか、独自性を持たせて差別化する戦略**

例えば市場を教育機関だけに限定し、市場規模を狭める代わりにそこでのシェアを独占するという方法です。

他社からすれば、独占市場に後から参入するよりも、まだ誰も手を付けていない市場を開拓したほうが楽なので、他社との競争を回避できるというメリットがあります。とはいえ、あまりにも製品に優れた点が乏しければ、競合他社の市場参入を招いてしまいます。**「コストの低さ」と「商品の独自性」、どちらもある程度必要になる**のは、集中戦略のデメリットです。

やるじゃん。

Q クイズ

「集中戦略」の欠点は？

A 商品数を多くしなくてはいけない

B 価格が高くなりがち

C 独自性が必要

答え／P.141

KEYWORD

047

KPI・KGI

「P」をつみかさねて
「G」を達成しよう

新プロジェクトの企画案の作成を任されたときに、「ＫＰＩとＫＧＩを明確にしてください」という指示をされることが度々起こります。

「ＫＰＩ・ＫＧＩ」とは、どちらも「目標を達成するための指標」として使われる言葉ですが、文字の並びが似ている上に、使われる場面も似ているので、混同してしまいがちですよね。しかし、実はこの2つは、まったく異なる意味を持つのです。

そのため、2つを混同した企画書を作成すると、非常にまずいことになります。そんな事態をさけるためにも、ここできちんと区別できるようになりましょう。

はじめに「ＫＰＩ」は「実績（Performance）」、「ＫＧＩ」は「ゴール（Goal）」と覚えましょう。どちらも間の一文字を日本語に訳しただけですが、これを覚えているだけでも意味の区別がかなり明確になります。

KPIとKGIは
目標達成のための
指標だが、
意味が違う！

KPIとKGI

KPI	KGI
Key Performance Indicator	Key Goal Indicator
パフォーマンス ＝ 実績	ゴール ＝ 達成点
目標達成のために何をすれば良いのか	目標達成をどこで判断するか

例：ダイエットしたいと思った場合

KPI	KGI
・1日5kmのウォーキング ・食事は1500キロカロリーまで	・今年の7月末までに ・BMI120以下、体脂肪率15％以下

どちらも、達成できているかを
客観的な数値で判断できる必要がある

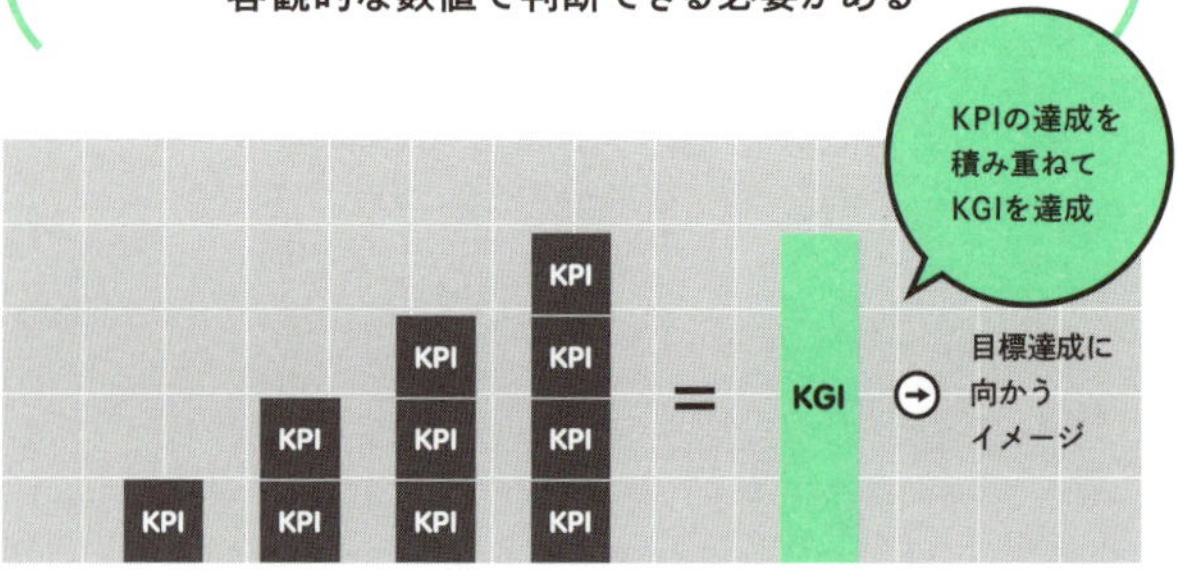
KPIの達成を
積み重ねて
KGIを達成
KPI
KPI KPI
KPI KPI KPI
KPI KPI KPI KPI
＝
KGI
目標達成に
向かう
イメージ

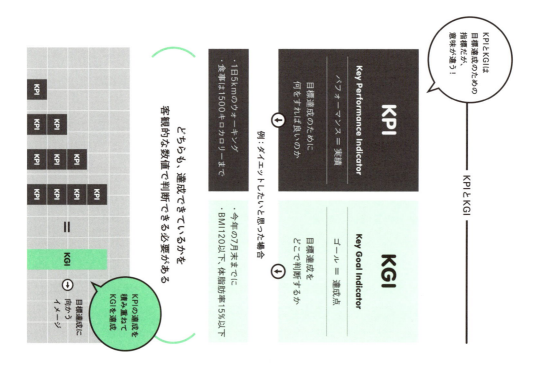

2つの違いを、図にまとめてみました。

「ＫＰＩ」は「実績」。つまり「一定の期間内にこれだけのタスクを実行し続ければ、最終的には目標が達成できるようなこと」を具体化したものです。

「ＫＧＩ」は「ゴール」。つまり、「一定の期間内でこれだけの成果があれば、目標達成と判断できるライン」を具体化したものです。言い換えれば、最終的な目標地点です。どちらも「目標達成」を客観的な数値で判断できることが大切です。

「ＫＰＩを実行し続ければ、ＫＧＩが達成できる」こう覚えておきましょう。

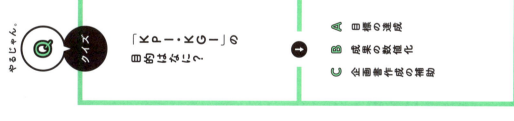

やるじゃん。

Q クイズ

「KPI・KGI」の目的はなに？

- **A** 目標の達成
- **B** 成果の数値化
- **C** 企画書作成の補助

答え／P.141

KEYWORD

048

ベンチマーク

他社の長所を取り込む経営管理法

「ベンチマーク」という英単語を日本語に訳すと「指標」という意味になります。

この言葉はＩＴ分野や投資信託など、さまざまな業界で使用されています。使われる文脈によって「なにを指標にして、どうするのか」が異なりますから、本来の意味よりも業界ごとに付与されている意味を知ることが大切です。

さて、経営戦略やマーケティングの話で「ベンチマーク」という言葉が出た場合、**「他社のベストな事例を指標にし、自社の体制を改善する経営管理法」**という意味になります。

具体的な例を紹介してみましょう。

ある電化製品の製造で競合しているA社とB社、２つの企業があったとします。A社はその業界では最古参の企業なのですが、数年前に新しく参入してきたB社によって、大きくシェアを奪われてしまい、現在ではB社にシェア数１位の座を明け渡してしまいました。

A社が経営を存続するためには、このままシェア数2位の地位に甘んじるか、それとも別分野へ業務を転換するかといった選択しか残されていないようでしたが、まっこうからB社に挑み、再びシェア数1位の座を奪い返す決意を固めます。

そこで導入されたのがベンチマークという考え方です。

A社は最初にB社の製品が「なぜ売れているのか」「自社の製品とどこが違うのか」を徹底的に分析し、B社は製造過程におけるコストカットの手法が非常に優れたものであることを発見しました。A社はこれに対抗するため、C社のコストカット法をベンチマークにし、取り入れることにしました。C社は、A社やB社とはまったく異なる業界の企業だったのですが、その業界ではトップシェアを誇る企業のひとつで、コストカットに関しては抜群に優秀だったのです。

こうしてA社は、B社に対抗できるコストカット法を導入することができ、再びシェア数を伸ばしました。そして、B社を追い抜いて、再び業界最大手の座を手にしたのです。

また、指標にするのは「ベストな事例」であることが肝心です。B社のコストカット法はA社よりも優れていましたが、まだ改善の余地がありました。

一方C社は、別業界でもっとも優れたコストカット法を持っていました。この点に関して、C社は「ベストな事例」だったわけですね。

やるじゃん。

Q

クイズ

「ベンチマーク」は何のために行う？

A コストカット

B 経営管理

C 業務転換

答え／P.141

KEYWORD

049

バリューチェーン

どこの製造コストを削減するべき?

顧客が自社の製品を購入してくれて、初めて企業は利益を得ます。

しかし、購入された金額が、まるまる企業の利益になるわけではありません。製品を作るために、企業はさまざまなコストを支払っているからです。したがって、購入金額からコストを差し引いた金額が、企業の純利益になるのです。

マイケル・E・ポーターは、「競争優位」を得るために製品を作るためのコストを見なおすべきだと考えました。

製造コストを減らせば、製品の品質を維持したまま販売価格を安くでき、または販売価格を変えずに製品の品質を改善できるからです。

しかし、企業が支払っているコストは、製品を作るのに直接影響するものだけではありません。そこでポーターは、企業の総コストを、活動の種類別に分類するためのフレームワーク「バリューチェーン」を考えました。

バリューチェーンは、日本語に訳すと「価値連鎖」となります。原材料に鎖を繋ぐように価値を付け加えていき、製品として完成させる仕組みを表しています。

バリューチェーンでは、まず製品の品質に直接価値を付加していく活動を「主活動」、会社の運営や設備維持など、製品に直接関係していない活動を「支援活動」として区別します。

主活動は、『購買物流（原材料の購入）』、『製造（製品の製造作業）』、『出荷物流（流通や店舗の整備）』、『販売・マーケティング（実際に販売する）』、『サービス（アフターケア）』といった5つのプロセスにわかれており、この順番で商品や製品に価値を与えています。一方、人材や設備の管理など、直接製品に価値を与えるわけではない活動は、支援活動に分類されます。

このように、製造コストを分類することで、**「どこに無駄なコストがかかっているのか」「自社製品の強みと弱みは何か」が、クリアにわかります。**

支援活動のコストを減らすことも、全体のコストを減らすことにつながります。

しかし、製品の品質を左右する部分ではないため、バリューチェーンを使ってより詳細に分析するべきなのは、主活動の部分になります。

例えば「流通過程にコストがかかりすぎだ。もっとローコストに商品を店頭に並べられるよう、作業の工程を見なおそう」「他社よりもアフターケアが充実しているることで、自社製品は差別化できている。ここにかかるコストは減らすべきではない」などといったような、詳細な分析がバリューチェーンを使えば可能になります。

やるじゃん。

Q

クイズ

「バリューチェーン」は何のために行う?

A 製造コストの把握
B 製品流通の補助
C 購入者へのアフターケア

答え／P.141

KEYWORD

050

ステークホルダー

言葉の使いかたで
企業のありかたが見える！

「ステークホルダーの誤解を招かないように、報告書の表現には気をつける」

「ステークホルダーを軽視すると、企業に深刻なダメージが！」

こんな言葉を目にしたことはありませんか？

べつにこれ、格好付けて使っているわけじゃないんです。

「ステークホルダー（Stakeholder）」を日本語に訳すと「利害関係者」という意味で、顧客、株主、金融機関、債権者、取引先、従業員、または地域社会や行政組織などを指します。つまりその企業に関わって利害関係を結んでいる組織、人間などをまとめる言葉なのです。

さきほど挙げたように、ステークホルダーは利害関係がある人全般に対して幅広く使われますが、ややこしいことに企業によっては、「金融機関や債権者には使わない」こともあります。つまり、企業によって範囲、認識がさまざまな言葉なのです。

なので、逆にその企業にとってステークホルダーが何をさしているのか、ということを注意深く考えると、その企業のありかたが見えてきます。

また、社会的に大きな影響力を持つ大手企業は、ステークホルダーの扱いを重視しています。影響力が強いということは、裏を返せば些細なことでもイメージダウンに繋がるということです。そのため、直接企業活動に関わってくる株主や取引先だけでなく、地域社会や行政など、広範囲なステークホルダーにも何らかの取り組みを見せようとする企業が多いです。

例えば自社ビルの屋上や壁面を緑化し、ヒートアイランド現象の改善に取り組むのもステークホルダー対策の一貫と考えられます。

やるじゃん。

Q

クイズ

ステークホルダーとはなに？

A 利害関係者

B 利益金額

C 従業員

答え／P.141

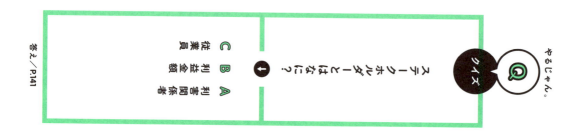

ちゃんと理解できてる？

KEYWORD
051 - 060

これも重要！ビジネスカタカナ語

KEYWORD	
051 ゼロベース	進行中のことをなにもなかった状態に戻して再検討する、という意味。大体の場合はただのキャンセルをかっこよく言っているだけ。
052 タスク	「作業」や「仕事」という意味の英単語。忙しがりの人が「いやっはっはぁ、タスク溜まっちゃってさあ」などと使うことが多い。
053 ダンピング	特に正統な理由もないのに、市場の健全な競争を妨害するほどの安い値段で、物を投げ売りすること。
054 デファクトスタンダード	市場での競争の結果、事実上標準のように扱われるようになった規格や基準のこと。VHS、ブルーレイ……企業の戦いは終わらない。
055 テレコ	もとは歌舞伎の表現技法が語源だが、転じて、「入れ違い」や「あべこべ」の意味で使われる。
056 ドラスティック	「根本的に」「思い切って」という意味。「とんでもないことをして」というざっくりした依頼をかっこ良く言うために使われがち。
057 トレードオフ	ある要素を優先して行動すると、どうしてもほかの要素が犠牲になってしまうような状況のことを指す。
058 ナレッジ	「知識」や「知見」という意味の英単語。体系的な知識や、ノウハウを言語化したものというニュアンスで使われることも。
059 ネゴ	「交渉」という意味の英単語、ネゴシエーションを省略した言葉。営業などでは「ネゴって」など動詞っぽく使われることが多い。
060 バジェット	政府などの「予算」を表す英単語。低予算の、という意味もあり、あえて使われているときは両方のニュアンスが入っていることもある。

クイズの答え

A

p105…A p109…C p113…B p117…B p121…A
p125…C p129…A p133…B p137…A p140…A

YARUJAN

CONTENTS

CHAPTER 4

心理学テクニック10

使いこなせば
思いのまま！

KEYWORD

061

メラビアンの法則

見た目が9割って本当？

「メラビアンの法則」は、アメリカ人の心理学者、アルバート・メラビアンの実験から知られるようになった法則です。

「人は見た目が9割」という言葉を聞いて、ピンとくる人もいるでしょう。

メラビアンは、こんな実験を行いました。

①：被験者に、ある人物の写真を見せる。

②：その写真の人物が話している想定で、短い言葉を録音したテープを聞かせる。

③：写真の表情と、言葉の内容が矛盾していた場合（例えば、写真では怒った表情なのに、録音は「ぜんぜん大丈夫だよ」など）、被験者はどのように受け止めるか？

実験の結果、被験者の9割は録音の口調や声のトーン、あるいは写真の表情といった非言語的メッセージを本心だと受け取り、発言の内容＝言語的メッセージが本心だと受け取った被験者は、残りの1割だったそうです。

つまりメラビアンの法則とは、**顔は怒っているのに「ぜんぜん大丈夫だよ」などと、矛盾した発言をした場合、9割の人は「この人、本当はまだ怒っているんだろうな」と判断するということ**ですね。

さて、この実験から「人とコミュニケーションを取るときには話す内容そのものよりも、しゃべり方や表情のような非言語的メッセージのほうが重要だ！」という俗説が広まりました。

その意味で「人は見かけが9割」という人もいるのではないでしょうか。

でも、ちょっと待ってください。それってよく考えると、メラビアンの実験とは、少し違いませんか？

メラビアンの法則が適応されるのは、あくまでもしゃべり方や表情と、発言の内容が矛盾していたら表情のニュアンスを重視する、ということです。

もちろん、表情やしゃべり方といった非言語的メッセージの部分で、話しかける相手に良い印象を与える、それ自体はとても重要なことです。

しかし、例えばプレゼンや営業を聞く人が一番知りたがっていることはなんでしょうか。新しい事業についてのプレゼンなら、その事業の予想収益や今後の課題点などでしょうし、営業であれば、商品の値段や性能など、正確な情報を知りたがっているはずです。そんな状況では、あくまでも「話す内容そのもの」がもっとも重要です。

やるじゃん。

Q

クイズ

メラビアンの法則に当てはまるのは、発言と内容がどのようなとき？

A 一致しているとき

B 矛盾しているとき

C 曖昧なとき

答え／P.185

KEYWORD

062

イエスバット法

「使ってもらう」テクニック

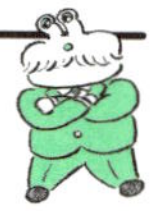

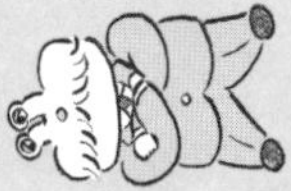

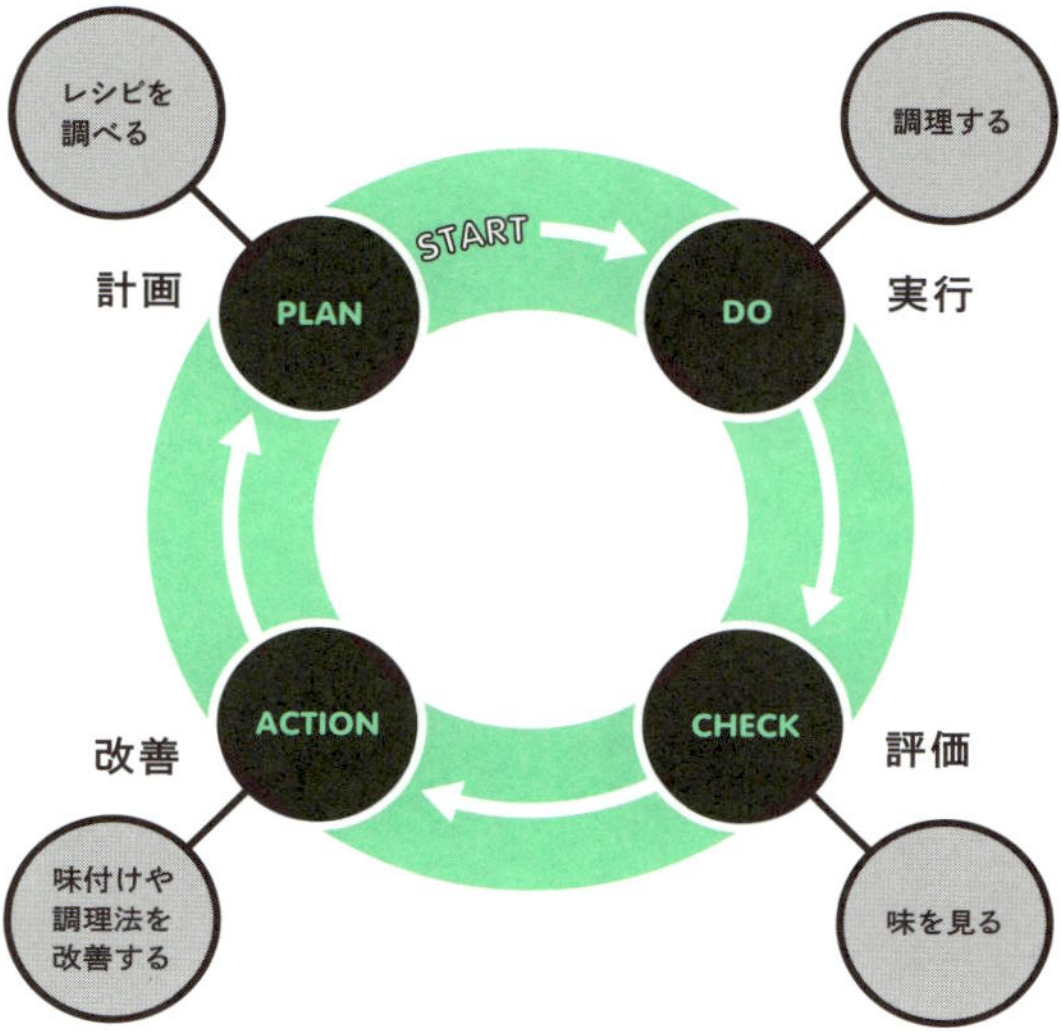
レシピを
調べる
計画
PLAN
START
DO
実行
調理する
CHECK
評価
味を見る
ACTION
改善
味付けや
調理法を
改善する

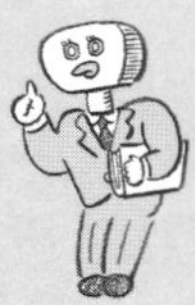

1 イノベーター 2.5%

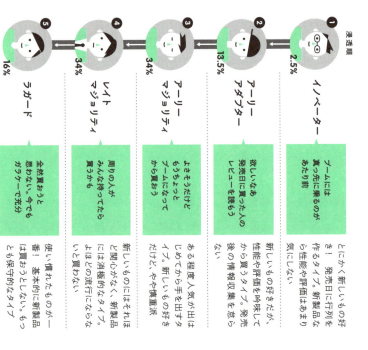

2 アーリーアダプター 13.5%

3 アーリーマジョリティ 34%

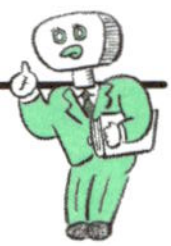

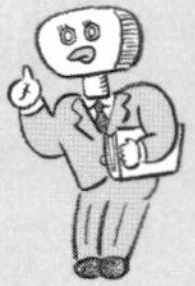

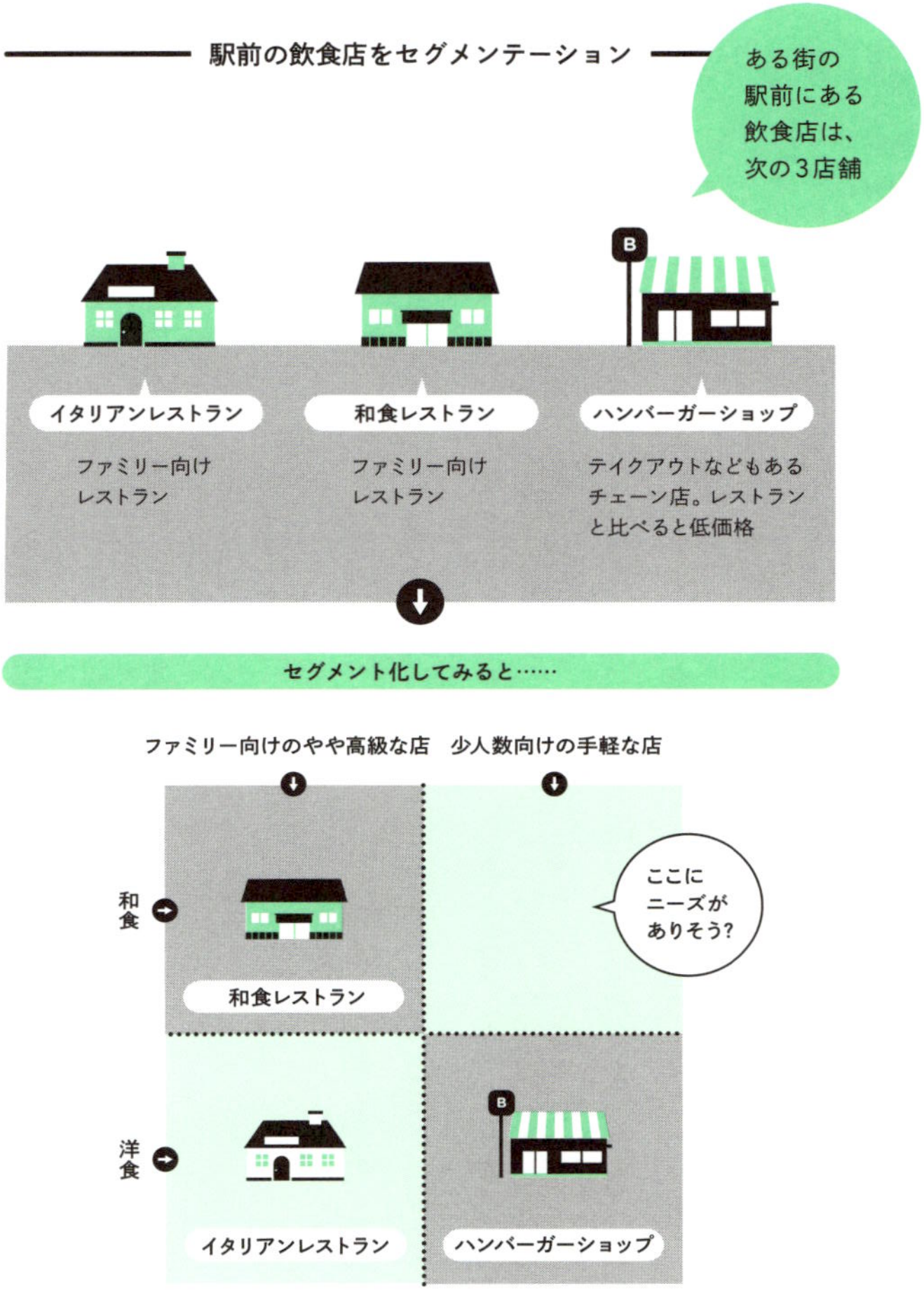

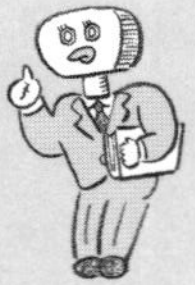

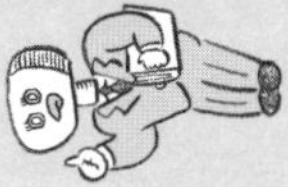

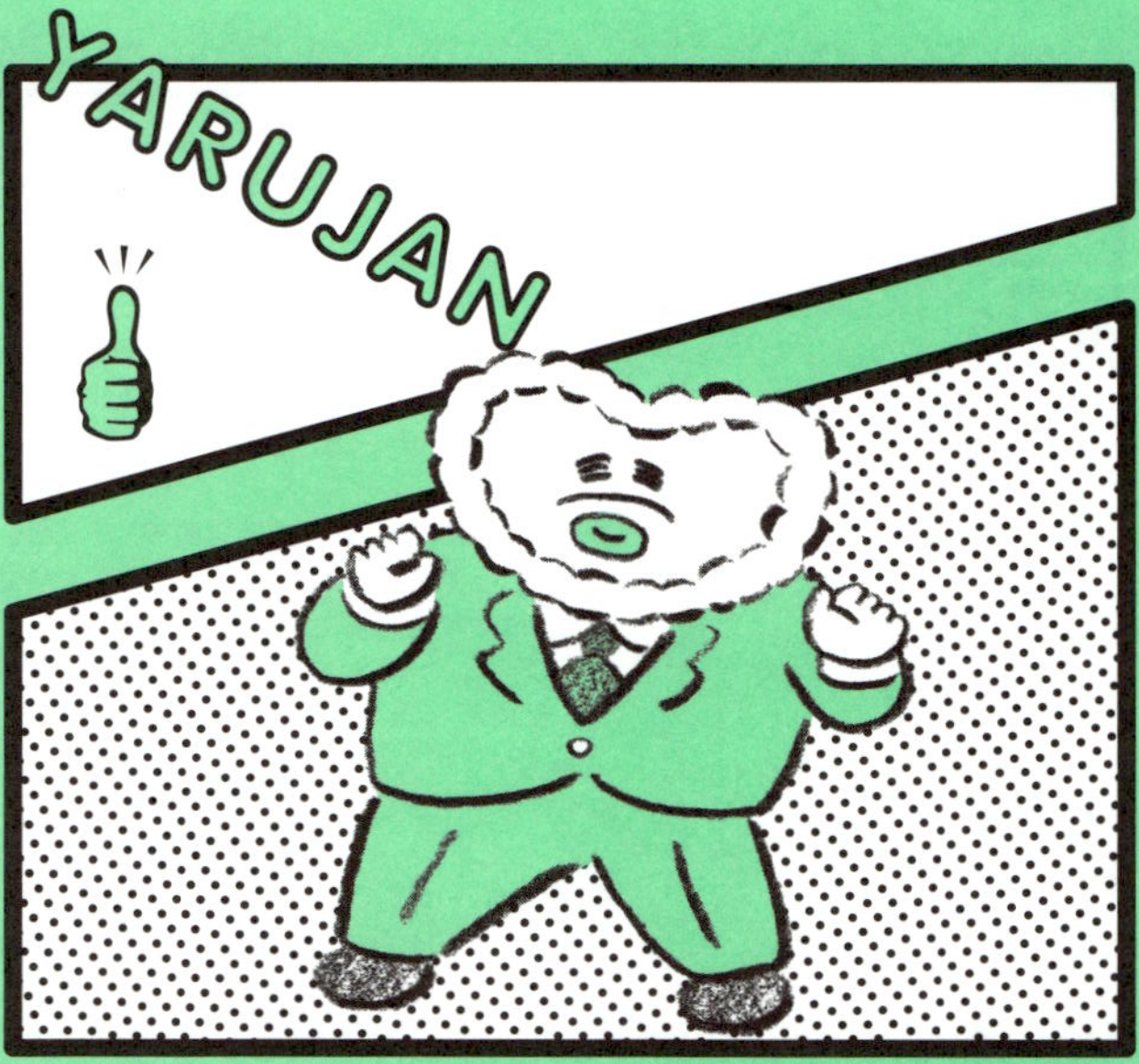

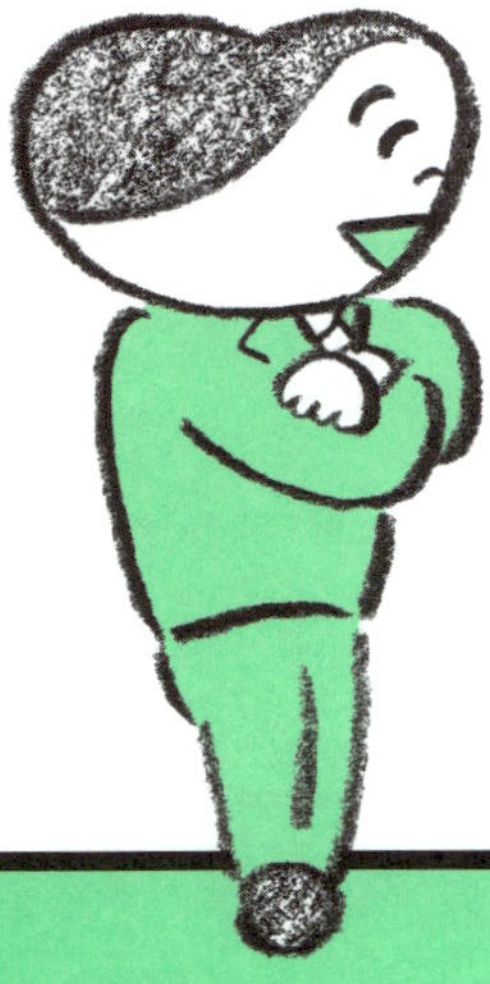

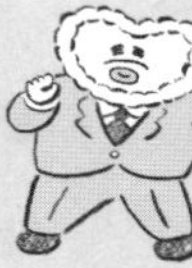

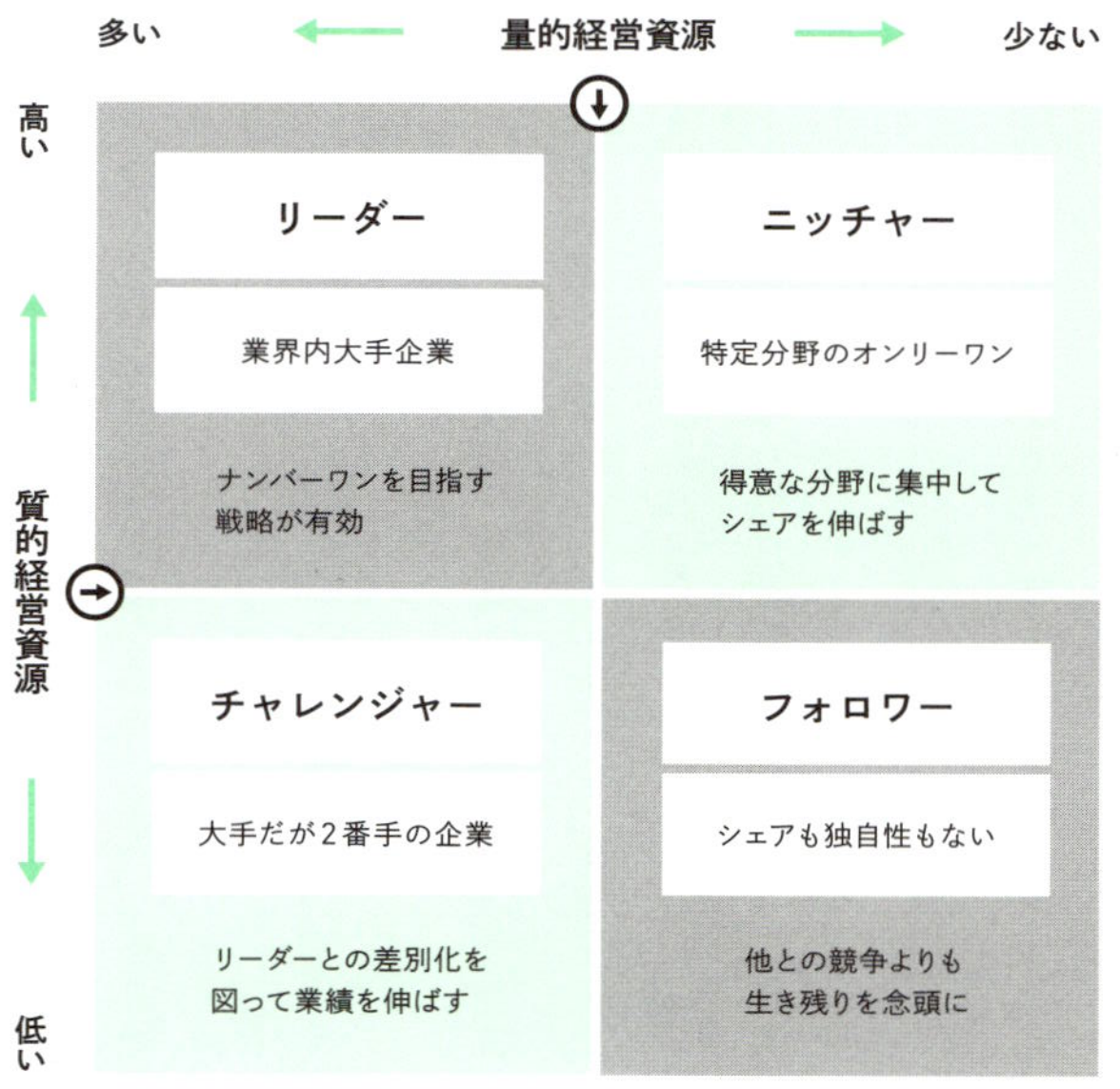

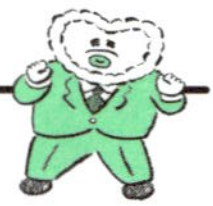

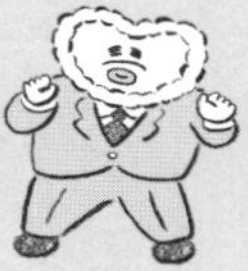

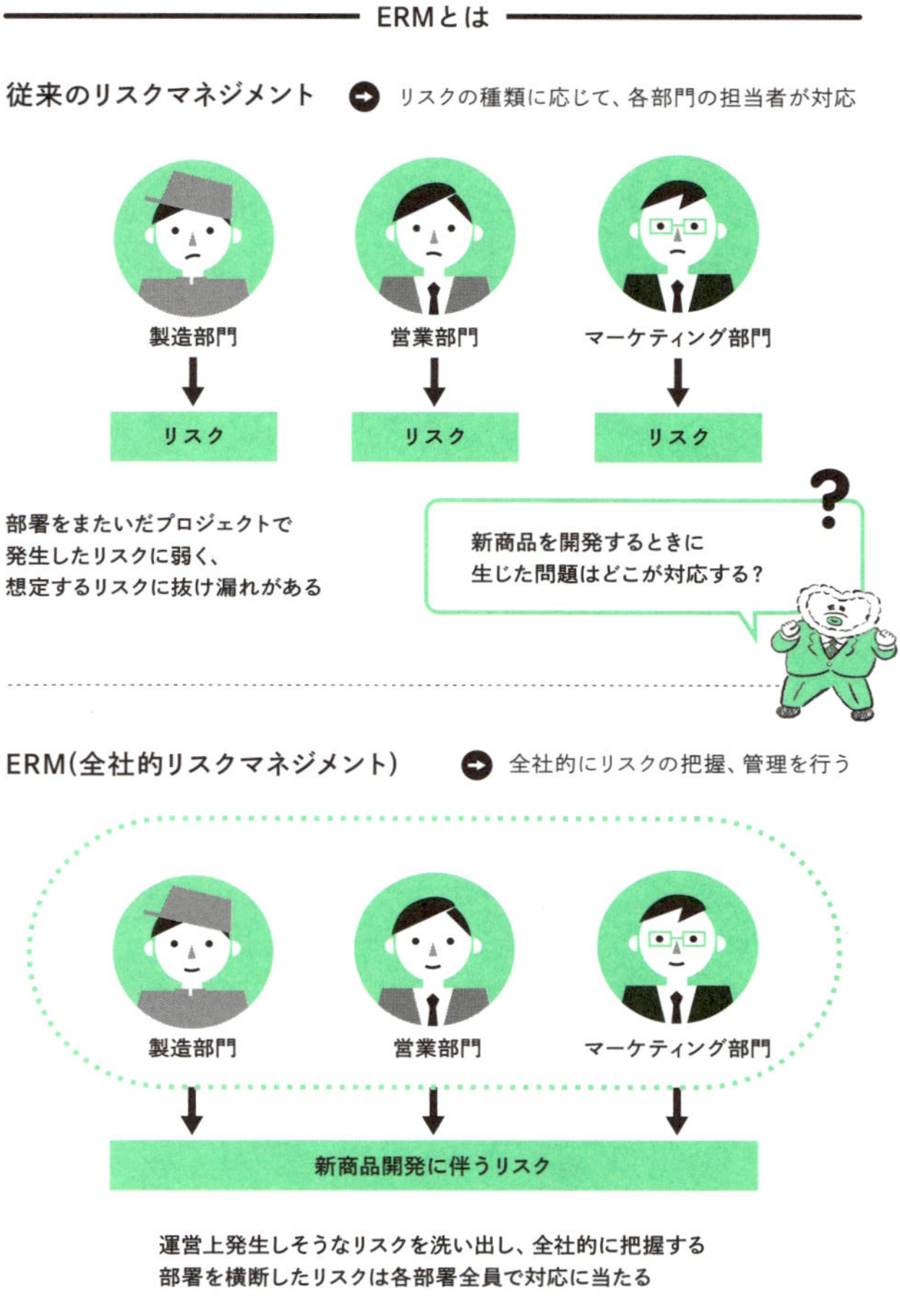

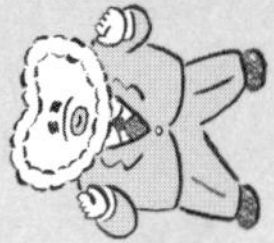

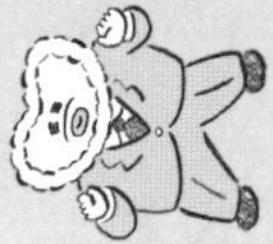

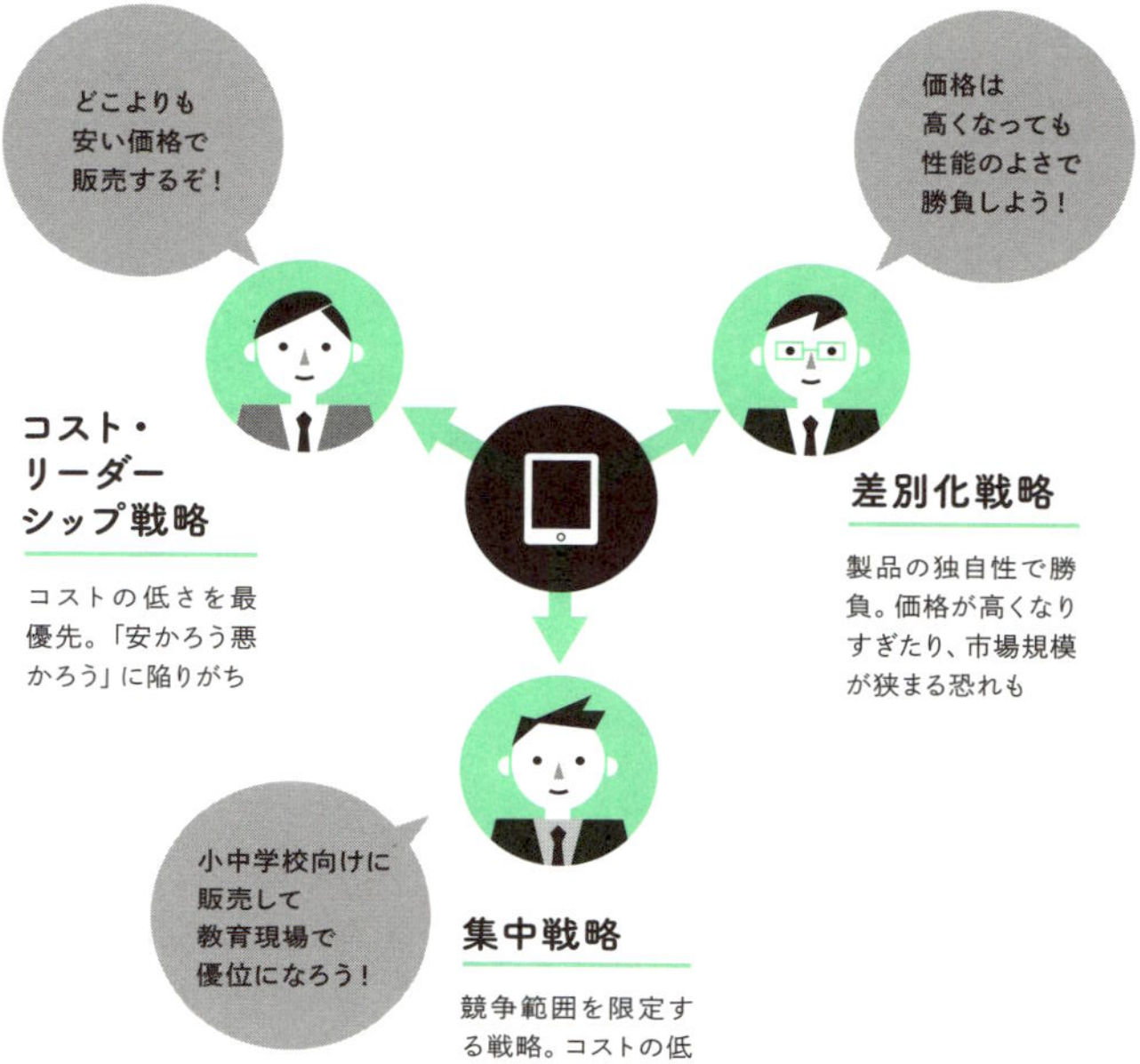

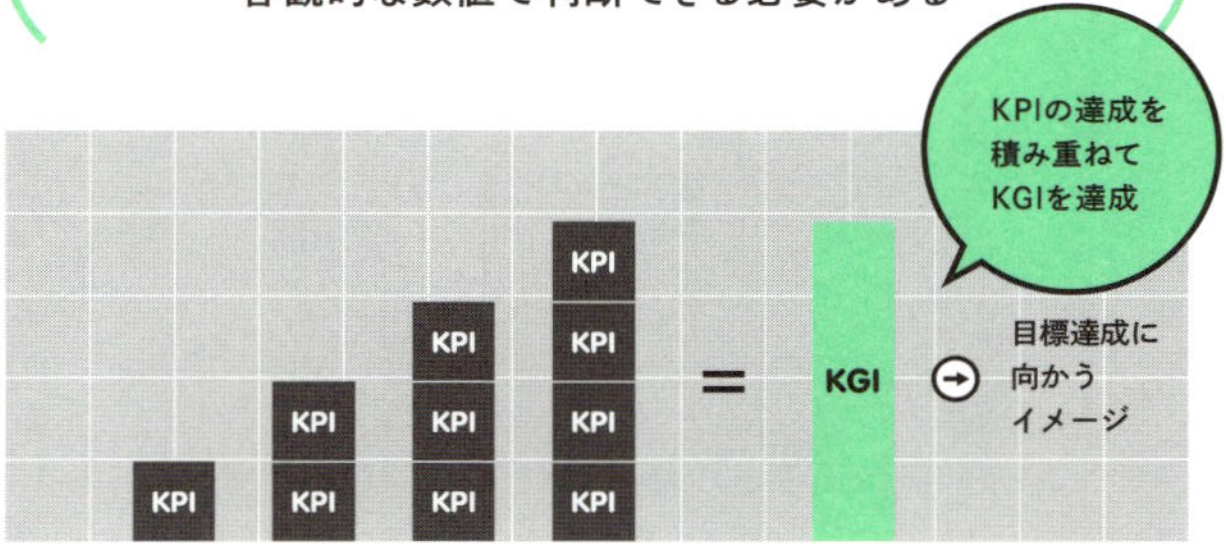

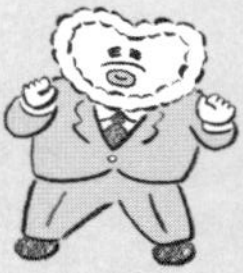

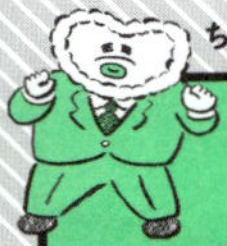

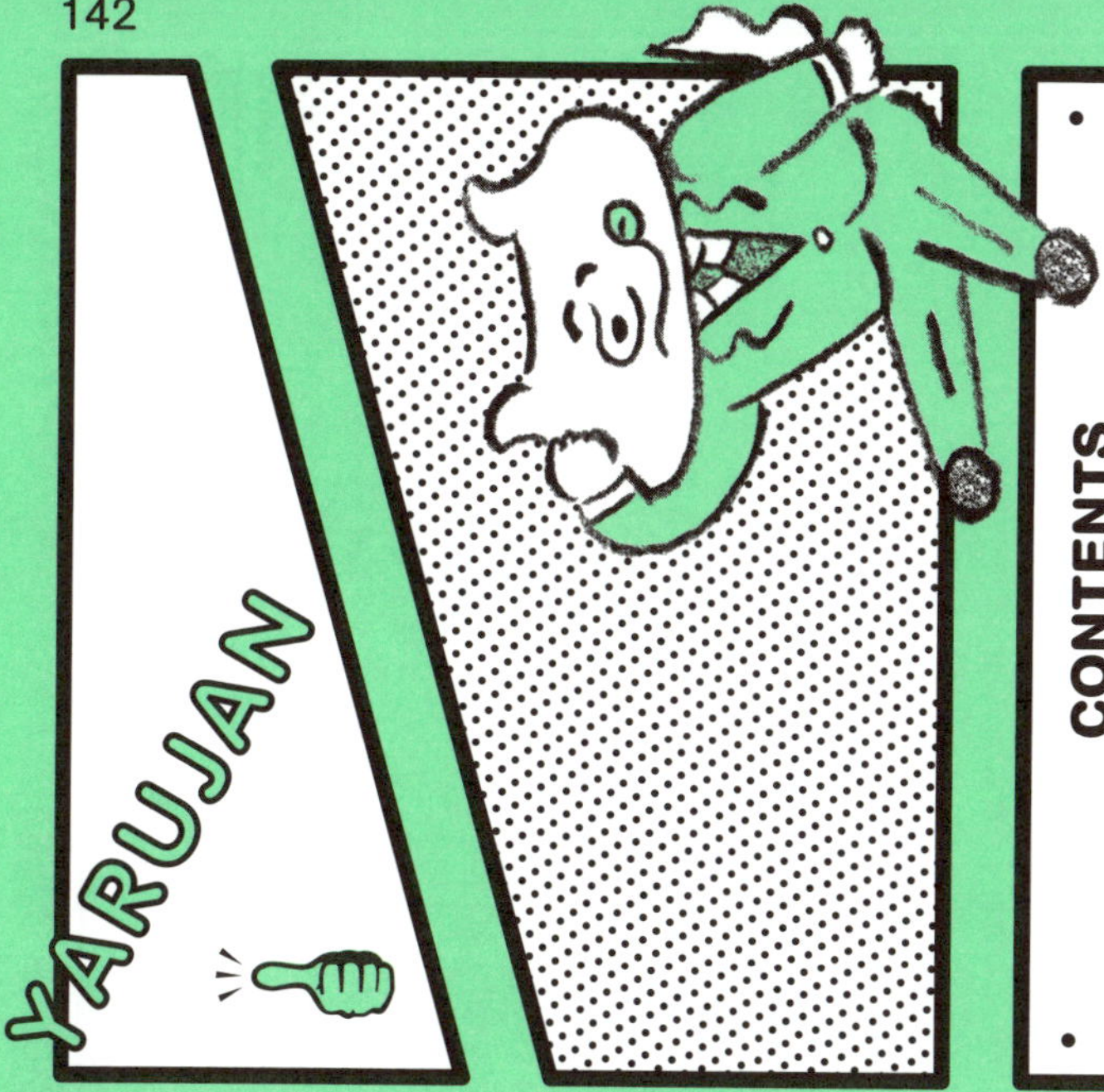

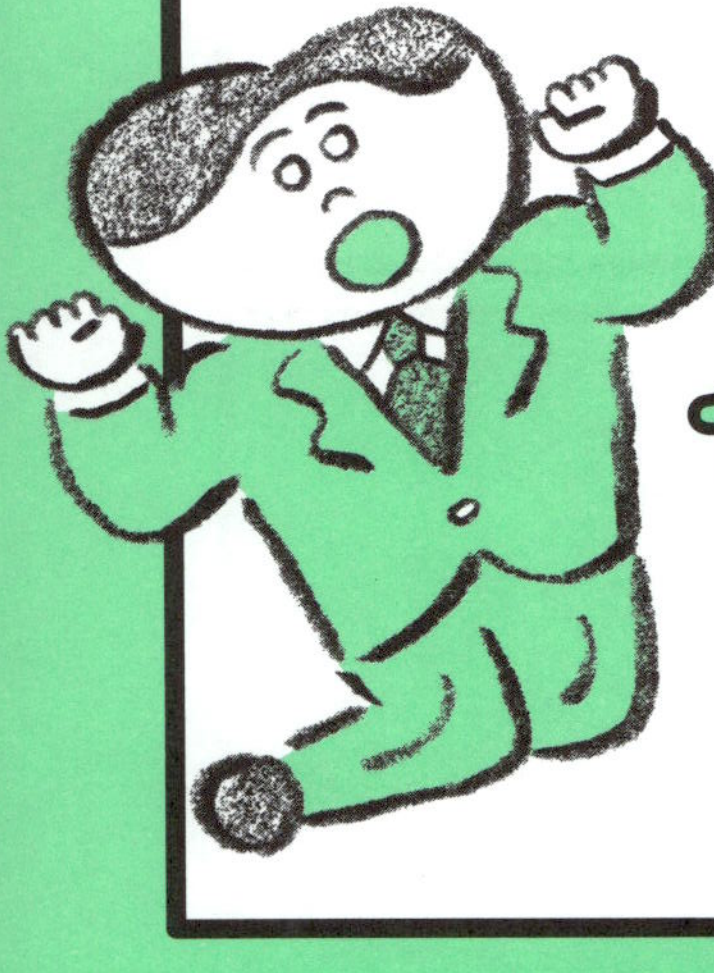

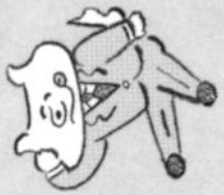

KEYWORD

062

イエスバット法

「使ってもらう」テクニック

新製品の営業をしているあなた。しかし、先方の感触はあまり良くありません。

「他社さんの製品のほうが、値段が安そうだな～」

「**おっしゃるとおり**、弊社製のものは新開発の部品を使っているだけあって、やや割高になっておりますね。**しかし**、その分性能面では……」

話し合いで意見が食い違ってしまったときに便利なのが「イエスバット法」です。「イエスバット法」は、**「仰るとおりですね」といったん相手の意見に同意し、それから「しかし……」と自分の意見を述べる対話法**です。

相手の意見を尊重する姿勢を見せておけば、こちらの意見も受け入れてもらいやすくなる、というわけですね。

ところが、一見万能のように思える「イエスバット法」も、使い方を間違えると、相手の意見を否定するだけになってしまいます。

イエスバット法は使ってもらうもの

営業などでよくある失敗例

YES
新製品はなかなかよさそうだけど、
これなら他社製品のほうが……
BUT

おっしゃるとおりです！
ですが、新しい製品にはこんな機能も……

機能が充実したのはわかるよ
でも、他社と大差ないよね？

↓

（イエスバット法を使えば要望を通しやすくなる。
しかし、お互いにイエスバット法を使うと、
単なる意見の押し付け合いに……）

相手にイエスバット法を使ってもらう

新製品はなかなかよさそうだけど、
これなら他社製品のほうが……

ちなみに他社製品のどのようなところが
お気に入りですか？

うーん性能的には大差ないんだけど、
やっぱり値段かなあ

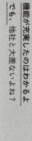

発売キャンペーン中でして、
今ならかなりサービスできますよ

↓

（イエスバット法にイエスバット法を
ぶつけるのではなく、相手の否定材料を
解消してあげるように話をすすめる）

図の失敗例のように、会話をしている双方がお互いにイエスバット法を使った場合、単なる意見のぶつけ合いになってしまいます。これではまとまる話もまとまらなくなってしまいます。

そこで、相手がイエスバット法を使ってきたら、イエスバット法で返すのではなく、相手の不満点を解消してあげるように話を進めましょう。

交渉でイエスバット法を上手く使うコツは「**自分から使うのではなく、相手にイエスバット法を使ってもらうこと**」です。

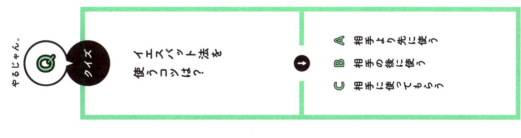

やるじゃん。

Q クイズ

イエスバット法を使うコツは？

↓

A 相手より先に使う

B 相手の後に使う

C 相手に使ってもらう

答え／P.185

KEYWORD

063

返報性の法則

人は「お礼」がしたい生きもの

スーパーマーケットの無料試食コーナー。誰でも見たことがありますよね。

見ようによっては、無料で商品を配っているだけで、まったくスーパーマーケットの得になっていなそうにも感じられます。

実は試食コーナーは、売上にしっかり貢献しています。実際に経験がある人も多いと思いますが、試食コーナーで試食をした人のうち何割かは、それまで買うつもりがなかった商品でも「つい」買ってしまうからです。


人間には「贈り物をしてもらったら、お返しをしなければならない」という心理があります。これを「返報性の法則」と呼びます。

試食コーナーの商品を「つい」買ってしまうのも、この返報性の法則が働いているためです。人は試食コーナーに行くと「ただで食べてしまって、何も買わずに帰るのは悪いな〜」と、考えてしまいます。こんな風に、試食という「贈り物」に対して、商品を購入するという「お返し」をしたくなってしまうというわけです。

試食コーナーだけでなく、返報性の法則にはさまざまな例があります。

- 街角で募金をお願いするとき、声をかけた人に花やバッジなどを渡しておくと、募金してくれる確率が上がる。
- 新聞の勧誘員が、初めて訪問したときは契約の話をせずにトイレットペーパーや洗剤などを渡し、後日改めて契約の勧誘に来ると断りづらくなる。
- 食事や映画などを奢ってもらってから告白されると、断りにくくなる。

ビジネスや恋愛だけでなく、ちょっとした頼みごとをするときなど、日常のさまざまな場面でも返報性の法則は使われています。

返報性の法則は確かな効果があるため、ビジネスの現場にかぎらず、うまく使っていきたいものです。

それでは、お返しをもらうためのポイントを見ていきましょう。

1つ目は、相手が喜ぶ物を贈ること。かといって、高価過ぎる贈り物でもこちらが損をします。２つ目は「贈り物」のタイミング。相手がこちらに要求する前に、さりげなく行いましょう。要求していないのに貰った物の方が、強く「お返しをしなければ」と思ってしまうからです。３つ目は、「お返し」を期待しすぎないこと。あまりにも「お返しをください！」という姿勢が見えてしまうと、そもそも贈り物を受け取ってもらえなくなります。

返報性の法則を活用するのに大切なのは、この３つです。

やるじゃん。

Q クイズ

返報性の法則に当てはまらないのは？

↓

A 新聞の折り込み広告

B 食品売り場の試食コーナー

C 化粧品の試供品

答え／P.185

KEYWORD

064

ローボール テクニック

デメリットのある商品を買わせるには

ボールを初めて触るような小さな子どもとキャッチボールをするとしたら、どんな風にボールを投げますか？

いきなり上から大きく振りかぶって、豪速球を投げたりはしませんよね。初心者でも受け取れるように、下からゆっくりと、ほうり投げるように投げるんじゃないでしょうか。ゆっくりしたボールから慣らしていけば、初心者でも徐々に速いボールを受け取れるようになります。

「ローボールテクニック」は、**商品のデメリットを隠して好条件だけを提示し、購買者が「買おう！」と決めた後で、そのデメリットを明かす販売テクニック**です。

ゆっくりとした低いボールに慣らしてから、速いボールを受け取らせることに例えられて、こんな名前がついているわけですね。

最初から知っていれば買わなかったかもしれないほどのデメリットでも、「買う！」と決めてしまった後に知ると、購入に踏み切ってしまいます。一度自分の中

ローボールテクニック

ローボールテクニックとは ➡ 取引などで都合の悪い条件を隠し、相手が契約する意思を固めてからそれを明かすこと

例えば、携帯ショップで…

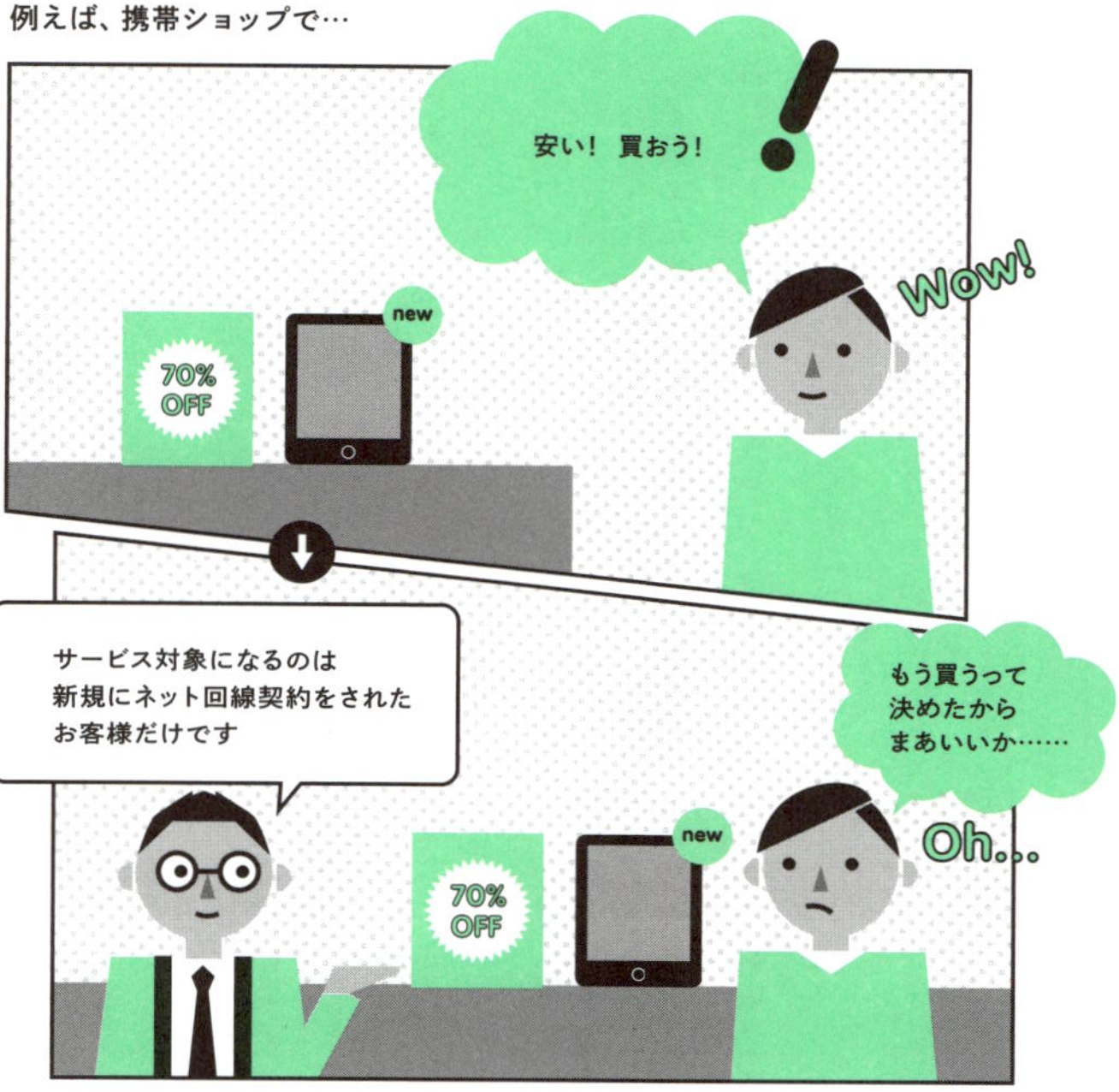
安い！ 買おう！
Wow!
70% OFF
new
サービス対象になるのは
新規にネット回線契約をされた
お客様だけです
もう買うって
決めたから
まあいいか……
Oh...
70% OFF
new

一度決めたことは取り消しにくい心理

で「こうしよう」と決めてしまうと、あとから覆すのはおっくうになるものだからです。この心理は「一貫性の法則」と呼ばれ、ローボールテクニックはこれを応用したテクニックなのです。

店頭では割引セールといいながら、その商品をレジに持っていくと、割引してもらうには他の条件が……というのは典型的なローボールテクニック。活用すれば売上を伸ばすのに役立ちますが、どうしても買ったほうは損をした気分になってしまうもの。頻繁に使うのは避けたほうが無難なテクニックでしょう。

やるじゃん。

Q クイズ

ローボールテクニックで、最初に隠すものは？

A メリット
B デメリット
C テクニック

答え／P.185

KEYWORD

065

フット・イン・ザ・ドア

強引なセールスマンの交渉術

突然自宅を訪れた、強引なセールスマン。

最初は話をするだけ……と言いながらも、ドアの間に足を挟み、帰ろうとしません。仕方がないので、話だけ聞いているうちに、ついつい言われるがままに契約してしまいます。

こんな例は極端かもしれませんが、訪問販売の世界には「ドアを開けさせたら勝ち」という言葉が、実際にあるそうです。

「フット・イン・ザ・ドア」は、この強引なセールス方法に由来する交渉術です。具体的には、**最初に小さな要求を相手に認めさせ、次第に要求を大きくしていくこと**です。

「ドアを開けて話を聞いてもらう」という小さな要求を認めさせられれば、「契約成立」という大きな要求も目前というわけです。

フット・イン・ザ・ドア・テクニック

たとえば、遊びに来た友達に新作映画のレンタルを頼むとき

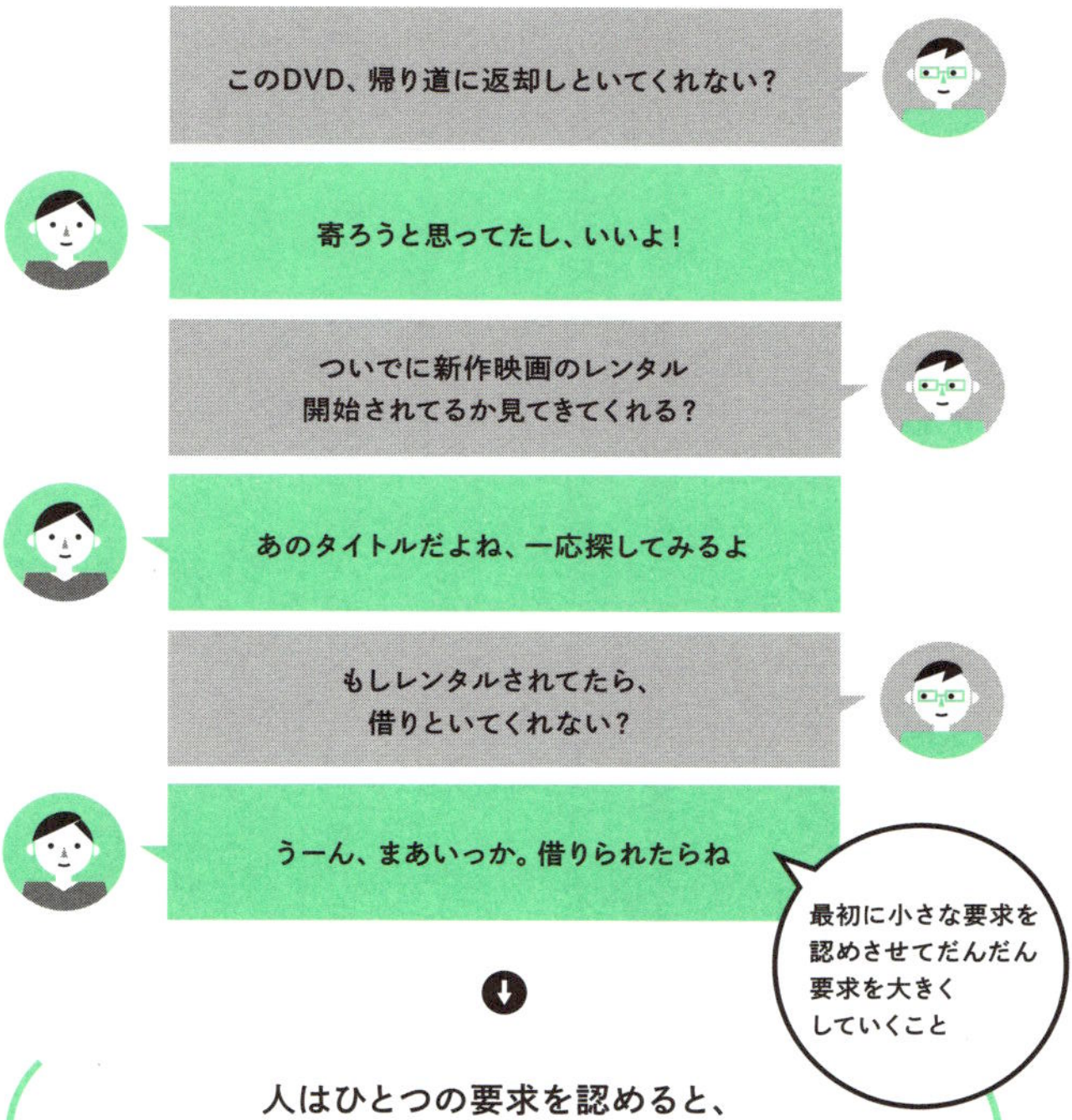
このDVD、帰り道に返却しといてくれない？
寄ろうと思ってたし、いいよ！
ついでに新作映画のレンタル開始されてるか見てきてくれる？
あのタイトルだよね、一応探してみるよ
もしレンタルされてたら、借りといてくれない？
うーん、まあいっか。借りられたらね
最初に小さな要求を認めさせてだんだん要求を大きくしていくこと

人はひとつの要求を認めると、
その後の要求も断りづらくなる

でも、なぜこの交渉術がなりたつのでしょうか？

それは**「ローボールテクニック」でも触れた、「一貫性の法則」という人間心理が作用しているから**です。人間は無意識のうちに、自分の行動が前後で矛盾せず、一貫するように振る舞おうとするものです。一度要求を認めると、次の要求も断りにくくなるのはそのためです。

「さっきはOKしたのに、さほど変わらないこれはダメなの？」というツッコミを、自分から避けたがるというわけですね。

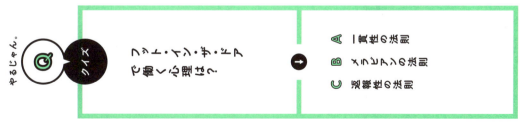

やるじゃんん。

Q クイズ

フット・イン・ザ・ドアで働く心理は？

A 一貫性の法則
B メラビアンの法則
C 返報性の法則

答え／P.185

KEYWORD

066

ミラーリング効果

「真似」で好印象!?

「あくびが伝染する」という話を聞いたことがありますか？

あくびというのは単なる生理現象なので、本来伝染するようなものではないはずです。ところが、実際には同じ部屋にいる人間があくびをしたとき、多くの人が釣られてあくびをしてしまうそうです。

そして、あくびをした人が自分にとって親密な人であればあるほど、あくびが伝染する確率は高くなります。

この現象のメカニズムにはまだまだ不明な点が多いのですが「あくびは伝染し、親密な人ほど伝染しやすい」というのは、実験でも証明されているそうです。

つまり、人間の身体と心は、不思議と同調していて、**親密な人の表情や行動は、あくびに限らず無意識のうちに真似してしまう**、ということですね。

心理学では、この現象を「ミラーリング効果」と呼んでいます。

ミラーリング効果を逆に利用することで、相手との親密度を深めることもできます。**行動が同調する人に対しては、無意識のうちに好感を抱いてしまう**、というわけですね。具体的にどうするかというと、相手の行動を真似してみるのです。

また、あくびに限らず、相手が無意識に行ったしぐさをそれとなく真似すれば、ミラーリング効果を期待できます。

例えば

- **相手が足を組んだら、同じ側の足を組む**
- **飲み物を飲み始めたら、同じタイミングで自分も飲む**
- **相手が座り直したら、自分も座り直す**

などなど。とっても単純ですが、なんとこれだけで日常のありとあらゆる場面で相手に親近感を抱かせることができてしまうのです！

この例以外にも、「笑いかけられたら笑い返す」「相手の意見に同意する」など、一般的に会話のうえで有効とされる方法も、ミラーリング効果の一種と考えることができます。

しかし、何でもかんでも真似し続けると、逆にからかっているように思われて、相手を苛立たせてしまいそうですよね。そこで、ときおり「あえて相手とは逆側の足を組む」など、異なる行動を取ることで、ミラーリング効果を高めることができます。これを「相補的ミラーリング効果」と呼びます。

やるじゃん。

Q クイズ

ミラーリング効果が期待できるのはどんなとき？

A 営業のとき

B プレゼンのとき

C 日常のあらゆる場面

答え／P.185

KEYWORD

067

ザイアンスの法則

CMが繰り返す理由

営業で大切なのは「とにかく顔を覚えてもらうこと」って言いますよね。

初めて会う人よりも、何度か会ったことがある人のほうが、親しみを持てるもの。いっしょに仕事をしたり、何かを買うなら、親しみのある人のほうがいい。誰だってそうですよね。

だから、「ただ顔を合わせるだけ」を、直接利益につながらずとも、まずは重視するのです。

アメリカの心理学者、ロバート・ボレスワフ・ザイアンスは、この現象を研究しました。そして、「**ただ繰り返し会うだけでも相手の好感度は上がる**」ということを証明して見せました。この人間心理は「単純接触効果」と呼ばれます。または、研究者の名前を取って、「ザイアンスの法則」とも呼ばれています。

ザイアンスの法則は、対人関係だけに当てはまるものではありません。動物や物、言葉や音などでも繰り返し接したもののほうが好感度が上がります。

ザイアンスの法則

ザイアンスの法則とは ➡ 人は特に興味がないものでも繰り返し接触したものに対しては自然と好感度が上がっていくこと

例えば、コンビニで買い物をしているとき

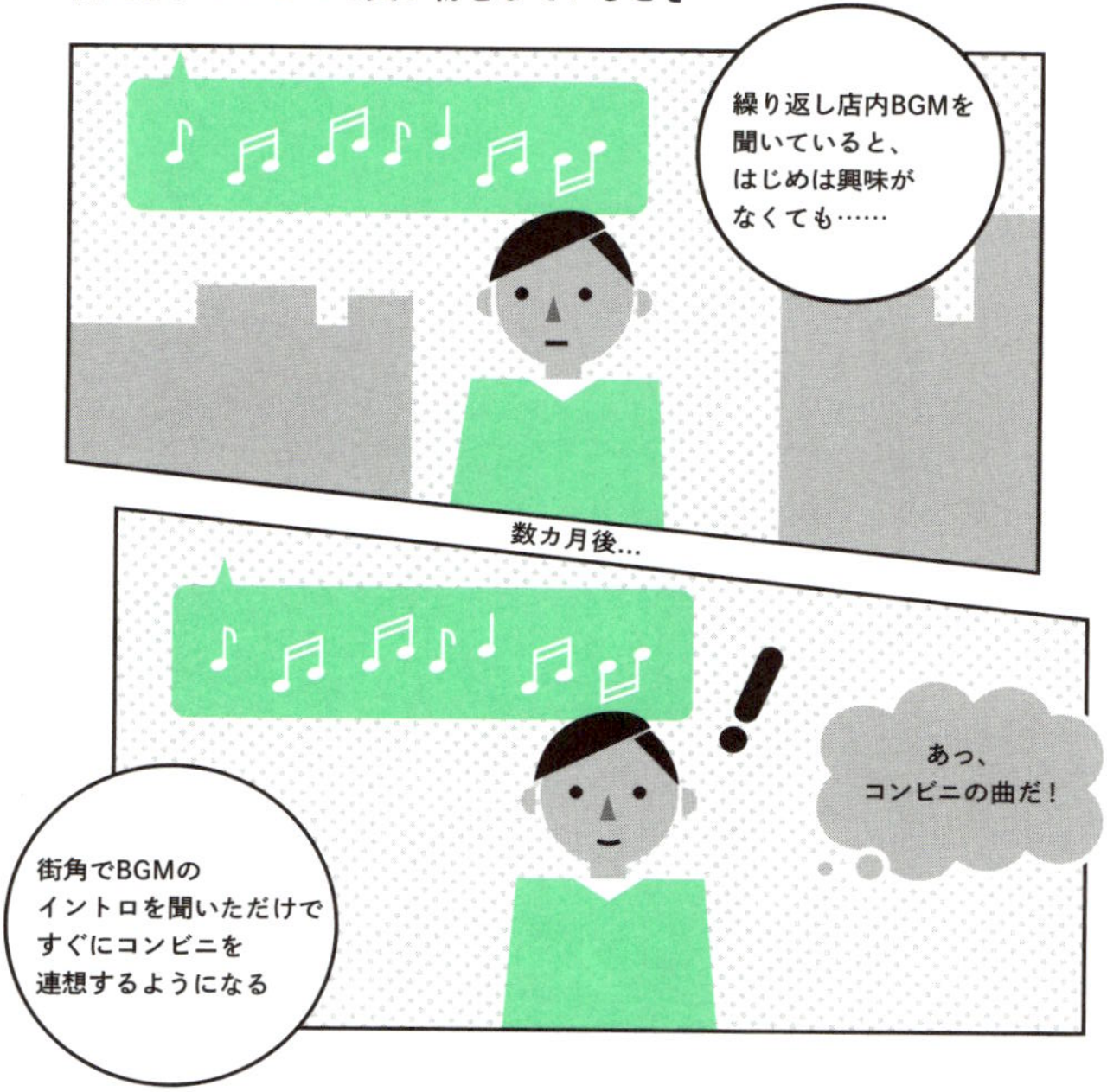
繰り返し店内BGMを聞いていると、はじめは興味がなくても……
数カ月後…
あっ、コンビニの曲だ！
街角でBGMのイントロを聞いただけですぐにコンビニを連想するようになる

例えば、コンビニで流れるテーマソング。

初めて聞いたときにはまったく興味がなくても、コンビニに行って繰り返し聞き続けることで、フレーズを覚えてしまいます。そうなると街角で不意に同じ曲が流れたとき、イントロを聞いただけで、コンビニの店名が思い浮かぶようになりますよね。こんなときには、すでに何となく好感を持っているはずです。

CMや広告で同じフレーズを繰り返し続けるのも、実はザイアンスの法則を利用し、触れた人の好感度を高めようとしているためなのです。

やるじゃん。

Q クイズ

ザイアンスの法則上、好感度の高いものは？

A 初めて触れたもの

B 何度も接したもの

C 久しぶりに見たもの

答え／P.185

KEYWORD

068

カリギュラ効果

映画、舌切雀、鶴の恩がえし

1980年にアメリカで公開された『カリギュラ』という映画があります。

これは、古代ローマ帝国の皇帝カリギュラをモデルにした映画だったのですが、ボストンなどの一部の地域では上映が禁止されました。

内容があまりにも過激だったため、社会問題になったのです。ところがなんと、上映禁止になって逆に話題が爆発し、大ヒット映画になりました。

人間には、「禁止されると、かえってやりたくなってしまう」という心理現象があります。『鶴の恩がえし』や『舌切雀』など、数多くの民話のモチーフにもなっており、古くから知られていた心理現象だったのでしょう。

心理学では、この現象を映画『カリギュラ』の大ヒットになぞらえて、「カリギュラ効果」と呼んでいます。

カリギュラ効果は、商品の広告に応用することもできます。**本当は商品を購入して欲しいが、そこをあえて禁止することで購入をうながす**というわけですね。

カリギュラ効果

ただの段ボール箱があっても、多くの人は気に留めない

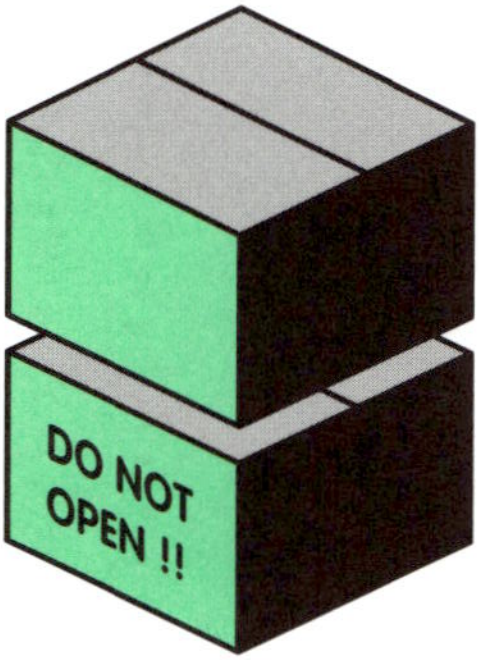
DO NOT
OPEN !!

「開けないで」と書いてある箱は、かえって開けてみたくなる

人は何かを禁止されると、逆にやってみたくなる

世の中にこの法則を使った広告はいっぱいあります。

ホラー映画の「心臓の弱い人は観ないでください」などといったキャッチフレーズは、まさにカリギュラ効果を利用した広告の典型例です。

他にも「これを使うと、お気に入りの製品が使えなくなってしまいます！　絶対に買わないでください!!」といった、「あえて禁止する」広告手法は多く見られます。

ちなみに『やるじゃん。ブックス』はこの他にも数多くの作品が好評発売中です。　絶対に読まないでください！　……いかがでしょうか？

やるじゃん。

Q クイズ

何をされると逆に見たくなることをカリギュラ効果と呼ぶ？

↓

A 禁止される
B 酷評される
C 批判される

答え／P.185

KEYWORD

069

ハロー効果

人の評価は「ハロー」で変化する?!

「彼は学生時代、サッカーで全国大会に出場した経験があるから、仕事でもなにかとガッツがありそうだ」
「同期のあいつは有名大学を首席で卒業しているから、真面目な性格に違いない」
「あの人、字がキレイだな。きっと誠実な性格なんだろうな」

例えばこんな風に他人を評価したこと、もしくは他人から評価されたことって、みなさんはありますか？　でも、これってよく考えるとおかしいですよね。スポーツや学業で優秀な成績を修めていたり、キレイな字を書けることと、その人がどのような人格を持っているかは、あまり関係しないはずです。

このように、**ある要素に気を取られて、ほかの面への評価が変わってしまうこと**を、心理学では「ハロー効果」と呼んでいます。

「ハロー」とは挨拶のことではありません。

仏像や神像の背後には、光や炎の輪のような意匠がありますよね。あれは、聖人の背後から発する、「後光」という神聖な光を表現したもので、「光背」と呼ばれています。「ハロー」とは、この神聖な光を意味する英単語です。そのためハロー効果は、日本語に訳して「後光効果」や「光背効果」と呼ばれることもあります。

ハロー効果をうまく使えば、他人にアピールができます。

自分の優秀な面を、何かひとつでも印象付けられたら、「この人は仕事ができそうだな」と思わせることができてしまうのです。つまり、直接仕事と関係しないところでも、自分の長所をアピールしていけば仕事上での評価も上げられる、ということです。例えば身だしなみが整っているとか、愛想が良いとか、誰もができることでも効果が期待できます。

また、ハロー効果で評価が上がるのは、人だけに限りません。

例えば、CMに自分の好きな有名人が出演している商品は、何となくよさそうに思えてきますよね。有名人が出演しただけで商品の味わいや性能がよくなるわけではないので、これもハロー効果といえます。

ビジネスやマーケティングでうまく活用していきたいハロー効果ですが、自分が評価を下すときには注意が必要です。ハロー効果が働いているときには、正しい評価がくだせていない、ということになるからです。ほんとうにその評価は正しいのか、一度疑ってみることもときには必要です。

やるじゃん。

Q クイズ

ハロー効果は、
なにをするときに
影響する心理現象？

A 短所を探すとき
B アピールしたいとき
C 評価するとき

答え／P.185

KEYWORD

070

カクテルパーティ効果

雑多な情報を聞き分けてしまう理由

カクテルパーティとは、ホテルなどで軽いカクテルがメインに振る舞われるパーティのことです。

主にディナーの前に開催されるため、食事よりもおしゃべりの比率が大きくなり、人数も集まるので、パーティ会場はなかなかの騒音になります。

しかし、**騒音の中でも、自分に関わる話であったり、親しい友人の話し声だけは、なぜか聞き分けられること**があります。

この現象は「カクテルパーティ効果」と呼ばれています。

人間の脳は、耳から聞こえてきたすべての音を処理しているわけではありません。

雑多な音の中から、自分が興味を持っている音だけを、無意識に抽出して構築し、情報処理を行っています。興味のない音は、雑音としてシャットアウトしているわけですね。そのため、このような現象が起こると考えられています。

カクテルパーティ効果からわかることは、「**人間は、自分と関係のない情報より**

も、**関わりの深い情報の力を、より強く意識することができる**」ということです。

そのため、本来聴覚処理にまつわる現象について語られる言葉だったカクテルパーティ効果が、マーケティングにも応用されるようになってきました。


例えば、ダイレクトメールやウェブ広告などといった、不特定多数の顧客に向けてセールスを行うときに、カクテルパーティ効果が応用できます。

多数の文字情報があふれるウェブの世界では、視覚上でもカクテルパーティ効果が起こるためです。

雑多にあふれる「文字」の中で、「自分の興味がある文章」はとくに目につきやすい、というわけですね。


では、そんな中で効果的なセールスを行うには、どんな方法があるでしょうか。

1つ目は、「なるべく顧客の名前を呼ぶ」という方法です。

こうすることで、自然と会話を「自分に関わりのある話」として認識してくれるようになります。ふだんの会話でも効果的ですし、ダイレクトメッセージやメルマガでも有効に使えます。

2つ目は「顧客が関心を持っていそうな単語や情報を、広告の中にできるだけ盛り込む」という方法です。

単語や情報は、できるだけ具体的な方がいいです。

例えばダイエット用品を販売しようとしているのであれば、単に「ダイエットしたい人に向けて……」と会話を切り出すのではなく、「あと3キロ痩せたいあなたへ」などと、できるだけ当てはまる人の範囲を狭める方がよいでしょう。その方が、「自分に向いている情報だ」と認識してもらえるからです。

ウェブ広告を注意深く観察していると、かなりの確率でカクテルパーティ効果を見ることができるでしょう。

それだけ、人を惹きつける効果が高い法則でもあるといえます。

やるじゃん。

Q クイズ

カクテルパーティ効果は、
本来何にまつわる現象？

A 味覚上の現象
B 聴覚上の現象
C 視覚上の現象

答え／P.185

ちゃんと理解できてる？

KEYWORD
071 - 080

これも重要！ビジネスカタカナ語

KEYWORD	
071 バーター	本来の意味は「物々交換」。芸能界で「バーター」が使われるのは、有名タレントを出す代わりに新人タレントも出して、という取引が行われているから。
072 バッファ	「物理的な衝撃を和らげるもの」という意味。転じて、スケジュールに余裕を持たせるという意味となっている。
073 パラダイムシフト	ある時代や分野において、それまでは当然のことと思われていた考えや価値観が、劇的に変化することを表す言葉。
074 ヒアリング	「聞く」という意味の英単語。転じて、営業などで相手の要望や意見を聞き取ることに集中するときにも使われる。
075 フィックス	「固定」や「修正」という意味。仕事では制作物を完成したとみなして、変更や修正を打ち切るという意味となる。
076 プライオリティ	「優先」という意味。仕事では「プライオリティが高い」などのように、優先度という意味で使われがち。
077 ブラッシュアップ	手を加え、より完成度を高くするという意味。使いやすいので、取引先が「もうちょっと良くならない?」とコメントしたいときに使われる。
078 ブレイクスルー	現状を打破し大きく成長するという意味で使われることもあるが、本来の英単語では、「突破口」や「前進する」という程度の意味。
079 プロパー	英単語では「正しい」や「適切な」という意味。仕事では「プロパーで入った」など、正社員という意味でなぜか使われるようになっている。
080 ベネフィット	顧客が商品を使うことで得られるメリットのこと。元々は「利益」や「役に立つ」という意味の英単語。

クイズの答え

A

p147…B p151…C p155…A p159…B p163…A
p167…C p171…B p175…A p179…B p184…B

YARUJAN

CONTENTS

CHAPTER 5

世の中の流れをつかめ！

金融経済基本ワード10

KEYWORD

081

景気

景気がいいってどんな状態？

「新商品の売れ行きがよく、会社全体でもだいぶ業績が上向いたようだ」

「ローコスト戦略が当たりましたね。最近は不景気ですから……」

こんな会話を聞いて、何か疑問に思いませんか？　お金が儲かっているのなら「景気がよい」ように思えます。でも、この会話では「会社全体で業績が上向いている」のに「最近は不景気」。なんだか矛盾している気がしますね。

では「好景気」「不景気」って、一体どんな状態なんでしょう。

「景気」とは、経済活動の活発さを表す言葉です。

つまり、「**市場全体で、どれだけお金が回っているか**」ということ。

物がよく売り買いされ、活発にお金のやり取りが行われていれば、「好景気」ということになり、逆に行われていなければ「不景気」ということになります。

だから、ひとつの会社だけが儲かっていても、他が停滞していれば「景気がよい」ことにはならないんですね。

好景気のときは、市場にお金がたくさんある状態です。

お金があると、自然に物がよく売れるため、値段も上昇していきます。こうなると人は「時間が経つと値段が上がりそうだ」と判断するので、さらに物を買うようになります。

不景気のときには、あまりお金がない状態です。

人は「少しでも安いものを買おう」と判断するので、それまでよりも価格の低い物がよく売れるようになります。

つまり、企業としては、好景気のときには価格の高い商品、不景気のときには価格の安い商品を販売したほうが、より売上を伸ばすことができるということです。

そう考えると、冒頭の会話はとくに間違ってはいないわけですね。

景気は一定ではなく、常に変化しています。では、「好景気」「不景気」は、どうやって判断しているのでしょうか？　方法はいくつかありますが、**企業の設備投資の動向や求人状況、物価やGDPの変化、家計の収入と消費の割合などを調査して**

判断します。

代表的な景気判断には、内閣府が毎月発表する「景気動向指数」と、日本銀行が四半期ごとに調査している「日銀短観」などがあります。

「景気動向指数」では、さまざまな指標から総合的に景気の変化を判断します。

「日銀短観」では、さまざまな企業の売上高や雇用者数、借入金を調査し、さらに企業ごとに「好況か不況か」というアンケートも実施しています。

やるじゃん。

Q クイズ

景気を判断するときに適当でないものはどれ？

A 会社員の数

B 求人状況

C 家計の収入と消費の割合

答え／P.229

KEYWORD

082

為替（かわせ）

ニュースでよく聞く「為替」ってなに？

朝、ニュースを見ていると「今日の為替と株の値動きは……」とアナウンサーが解説を始めますよね。「為替」という言葉自体は、多くの人が耳にしたことがあると思います。でも、為替ってなんのことか、説明できますか？

そもそも為替とは、物を売り買いする方法のことです。

お店に行って物を買うときには店頭で直接お金を払い、品物を受け取りますよね？　これが一般的な取引です。

でも、遠くに住んでいる人と取引するときは、どうしても不便です。

お金を渡しに移動するのは大変だし、直接現金を送るのも不安ですよね。そこで考えられたのが、**商品を買う側はいったんお金を銀行に渡し、商品を売る側は、代金を銀行の支店から支払ってもらうという方法**です。

このように、銀行などを経由して代金を支払うことを「為替取引」と呼びます。

銀行の支店がある場所なら、どれだけ離れていても支払いができるのが為替取引のメリットです。

為替って何？

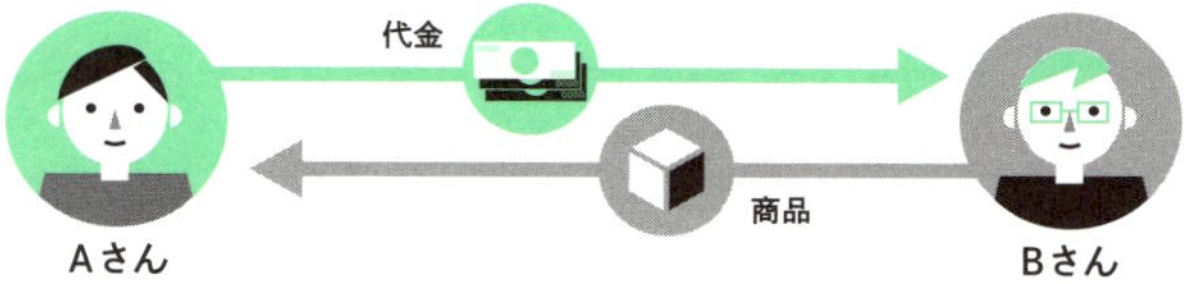
代金
商品
Aさん
Bさん

普通の買い物では ➡ Aさん Bさんが商品と代金を直接交換する。でも、ふたりが遠くに住んでいると、やりとりが不便

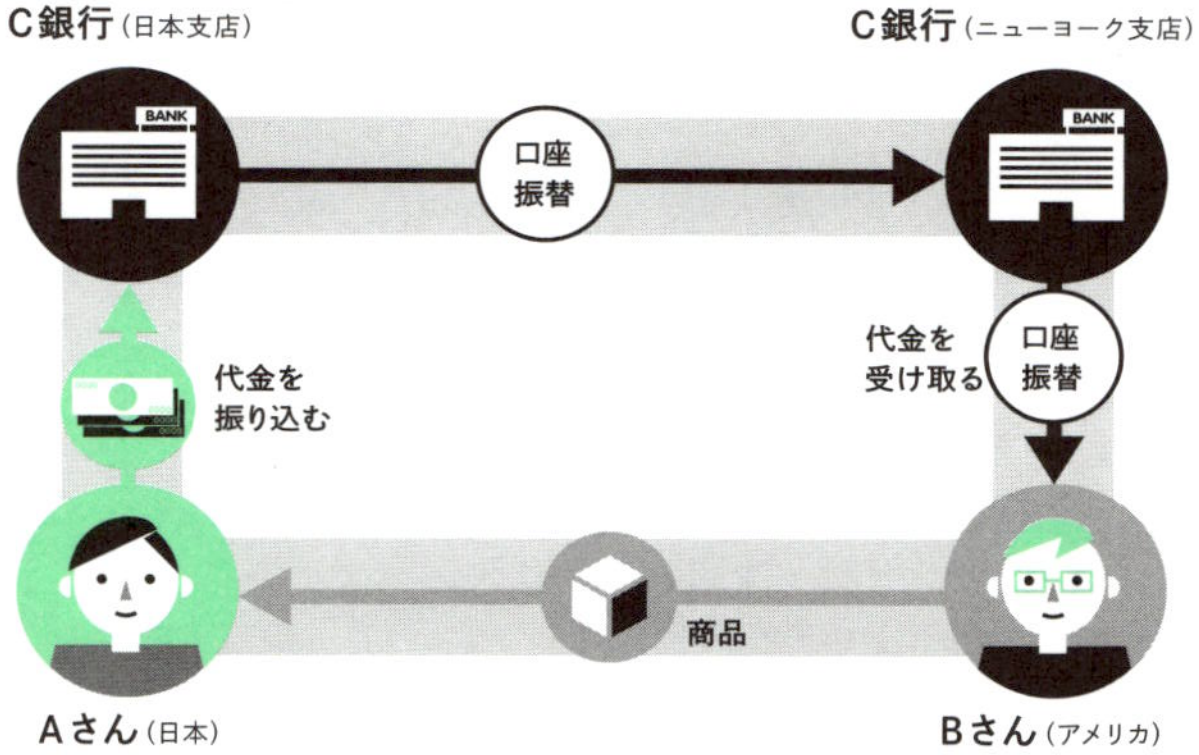
C銀行（日本支店）
C銀行（ニューヨーク支店）
BANK
BANK
口座
振替
代金を
振り込む
代金を
受け取る
口座
振替
商品
Aさん（日本）
Bさん（アメリカ）

為替の仕組み ➡ 銀行に仲介してもらえば、代金を輸送しなくてもよくなる。通貨の異なる国どうしでも、銀行に両替してもらえる

国内で行われる為替取引を「内国為替」、国外にいる人との為替取引が「外国為替」です。「外国為替」では、基本的に使われている通貨が国ごとに異なります。そのため、決済通貨（どちらの通貨で支払うか）を決め、自国の通貨でなかった場合には、銀行で通貨を交換してもらいます。

通貨の交換比率は「外国為替相場」と呼ばれます。交換比率は、円とドルなどでは日によって変動します。つまり、**ニュースで報道している「為替の値動き」とは、大抵の場合「通貨の交換比率がどのように動いたか」という意味**です。

やるじゃん。

Q クイズ

「為替の値動き」と言ったときの「為替」とはどの意味？

A 内国為替
B 外国為替相場
C 為替取引

答え／P.229

KEYWORD

083

GDP

国の豊かさが見える数字!?

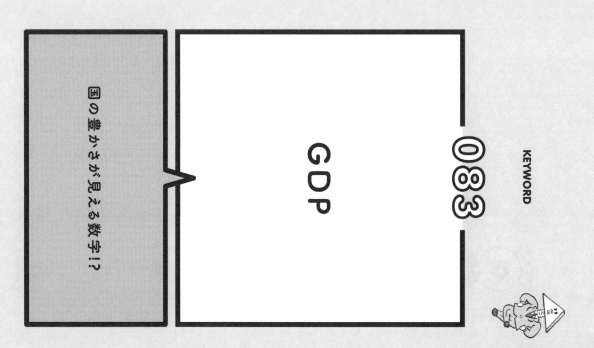

「ＧＤＰ」とは、「Gross Domestic Product（グロス・ドメスティック・プロダクト）」の頭文字を取ったもので、日本語に訳すと「国内総生産」という意味になります。**簡単に言うと「ある国が一定期間内に生み出した儲け」の合計**です。

例えば、農家がお米を１キログラム２００円で販売したとします。ここから田んぼの肥料代やトラクターの燃料代など、お米を作るのにかかった経費１００円を引いて、１キロあたりの儲けが１００円になったとします。

販売された１キロのお米は、さらに米屋の店頭に並びます。お米が売れると、今度は米屋の儲けになるわけですね。仮に１キロ４００円で販売し、お店の光熱費や運送費など販売にかかった経費と、お米の購入費用２００円を引いて、米屋の儲けが１００円だったとします。

ＧＤＰは「儲けの合計額」なので、農家の儲け１００円とお米屋さんの儲け１００円を合計して、２００円と計算します。

また、この後米屋で買われたお米が、お寿司やおにぎりとして販売されたら、その儲けもどんどん足していきます。この計算を、国全体で行ったものがＧＤＰになります。

単純に考えれば、ＧＤＰが増えると、その国で使えるお金の全体量が増えることになります。ＧＤＰが１％増えていれば、その国の経済成長率は１％の上昇ということになり、国が豊かになっていると考えることができます。

この、ＧＤＰが何％変化したかは「経済成長率」と呼ばれています。

ところが、使えるお金の全体量が増えれば、その分だけ生活が豊かになる……というわけでもありません。なぜなら、使えるお金が増えても、物の値段が上がれば、買えるものは少なくなってしまうからです。

そのため、物価の上昇率を差し引いて計算した方がより実情に近い、と考えられます。国内の儲けを単純に合計したＧＤＰは「名目ＧＤＰ」、儲けの合計から物価の変動率を差し引いたものは「実質ＧＤＰ」と呼ばれ、それぞれ区別されています。さらに実質ＧＤＰで計算された経済成長率を「実質経済成長率」と呼びます。

単純にＧＤＰが上がればよい、というのではなく、**名目ＧＤＰと実質ＧＤＰの両方を調べなければ、経済がどれくらい成長したのかはわからない**、ということですね。

更に詳しく知りたい方は、『やるじゃん。ブックス03　社会人一年目からの　とりあえず日経新聞が読める本』を読んでみてください！

やるじゃん。Q クイズ

「ＧＤＰ」を日本語に訳すとどれ？

Ａ　国民総所得
Ｂ　国内総生産
Ｃ　国民総生産

答え／P.229

KEYWORD

084

インフレ・デフレ

インフレとデフレ、どっちがいい?

「インフレ」と「デフレ」は、どちらも物価の変動を表した言葉です。「インフレ」は、「インフレーション（Inflation）」の略で、**物価が持続的に上昇していくこと**。「デフレ」は「デフレーション（Deflation）」の略で、インフレとは反対に**物価が持続的に下落していく状態**を表します。

この2つは、ネガティブな意味で使われがちな言葉ですが、どちらにもメリットとデメリットがあります。それぞれ、簡単に説明していきましょう。

まずインフレは物の値段が上がります。物価が上がる前と同じ数だけ商品が売れれば、その分企業の売上も伸びていきます。そうなると、社員の給料も増え、市場に流れるお金も増えます。つまり、経済活動が活発になるわけです。

ところが、急激にインフレが進むと、市場にお金が流れる前に、物の値段が上がりすぎてしまいます。こうなると、消費者は物が買えなくなり、企業にもお金が入らなくなって、経済活動がストップしてしまいます。

次に、デフレを見ていきましょう。デフレの状態では、物が安く買えるため、物価が高いときよりも多く売れるようになります。そうすると、企業の売上が伸び、社員の給料が増えるので、経済活動が活発になります。

ところが、デフレの状態が続くと、消費者はより安いものを求めるようになります。企業は値下げを続けなければ他社との競争に勝てなくなるため、どんどん物価を下げるようになります。すると、売上は落ち込んでいき、経済活動が停滞します。

つまり、インフレもデフレも「**適度なら経済活動を活発にするけど、急激に進んだり、長く続いたりすると、経済活動を停滞させてしまう**」という意味で、同じメリットとデメリットを持つのです！

経済活動のためには「インフレ」と「デフレ」の、どちらがいいというわけではなく、どちらかに偏り過ぎないことが大事になるというわけですね。

日本は長らくデフレの状態にあるため、インフレへの転換を目指しています。

政府は減税や財政支出の拡大を行い、中央銀行は金利を引き下げることによってデフレから脱却しようとしています。こうすることで市場に流れるお金の総量を増やし、消費をうながすというわけです。

２０１６年には「マイナス金利政策」が開始され、話題になりました。これもデフレ対策の一環なのです。

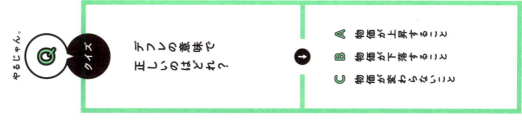

やるじゃん。

Q クイズ

デフレの意味で正しいのはどれ？

A 物価が上昇すること

B 物価が下落すること

C 物価が変わらないこと

答え／P.229

KEYWORD

085

円高・円安

円の価値を見て、
海外で買い物をしよう

「一カ月間海外旅行してきたんだけど、意外と旅費が余ったんだよね」
「だったらもっとお土産買ってきてくれたらよかったのに……。でも、得したね」
「行く前よりもかなり円高になったからね」

日本を含むほとんどの先進国は「変動為替相場制」を取り入れています。

これは、市場の需要によって通貨の交換レートを変更する、という制度です。このため、1ドルを何円で交換できるかは、交換するタイミングによって異なっているのです。

それまでに比べて、**1ドルの交換にかかる円が少ないときを「円高」。1ドルの交換にかかる円が多いときを「円安」と言います。**海外旅行にでも行かないかぎり、ふだんの生活ではあまり円高・円安を意識することはないかもしれません。

しかし、商品を海外へ輸出入している企業は、交換レートによって利益を左右されます。

円高・円安

例：日本で1000円、アメリカで10ドルで販売しているバッグがある

円とドルの取引価格は変動する

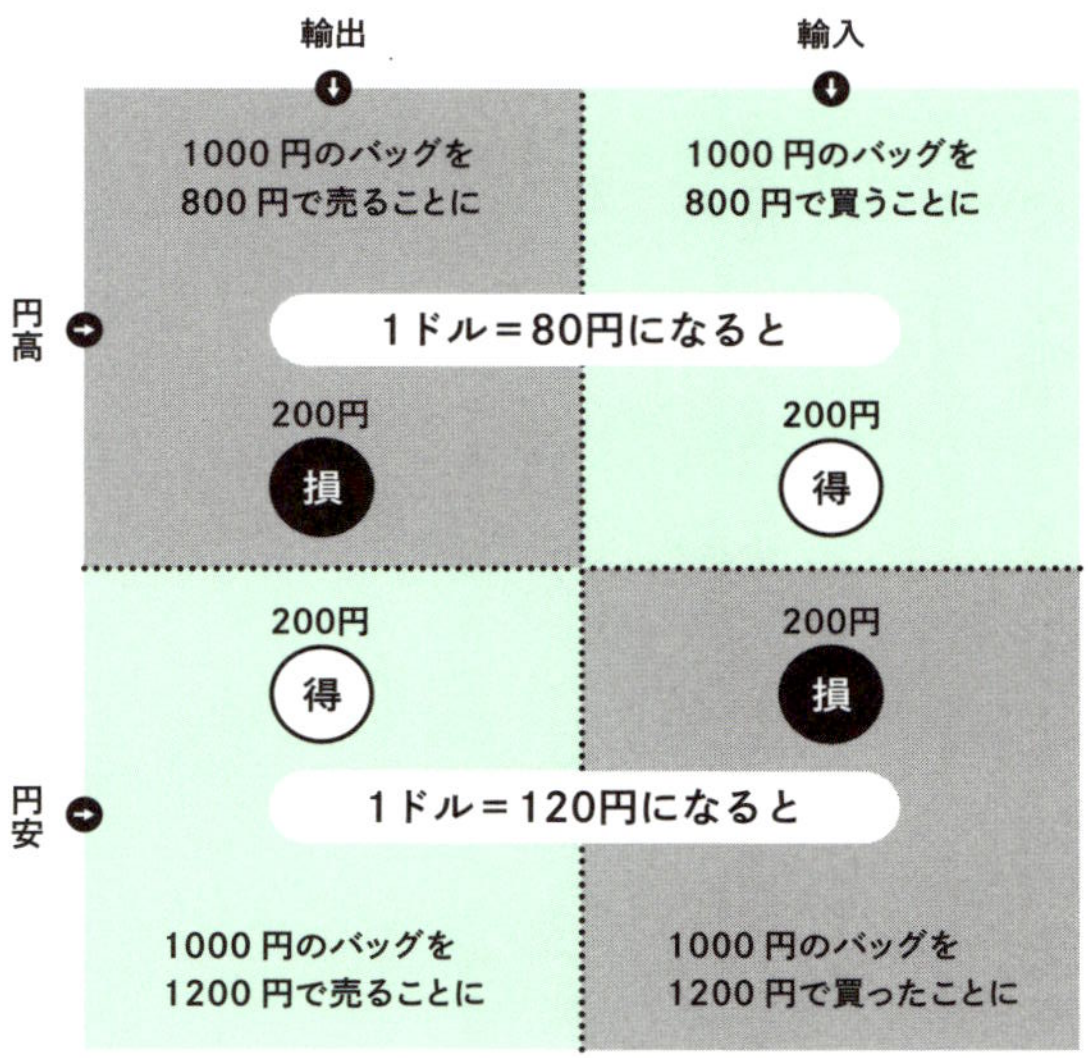
輸出
輸入
円高
円安
1000円のバッグを
800円で売ることに
1000円のバッグを
800円で買うことに
1ドル＝80円になると
200円
損
200円
得
200円
得
200円
損
1ドル＝120円になると
1000円のバッグを
1200円で売ることに
1000円のバッグを
1200円で買ったことに

図を見てみましょう。基本的に、**商品を輸入するときは円高の方が得、輸出するときは円安の方が得**になります。

さらに、円高のときは国内の海外製品の値段が下がります。そうなると、国内製品も値下げせざるをえませんので、全体として物価が下がり、経済はデフレ化していきます。円安のときはその逆で、インフレ化していきます。

このように、円とドルの交換レートが変動すると、国内経済にもかなりの影響がでてしまうのです。

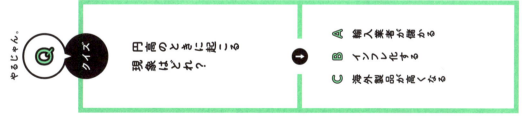

やるじゃん。

Q クイズ

円高のときに起こる現象はどれ？

A 輸入業者が儲かる

B インフレ化する

C 海外製品が高くなる

答え／P.229

KEYWORD

086

国債

日本の借金、本当に大丈夫？

「国債が一千兆円を突破したらしいね」
「国民一人あたりにすると、８００万円を超える借金らしいね」
「本当にこんなので大丈夫なのかな。ギリシャみたいに破綻するのかな」

「国債」とは、政府がお金を借りるために発行する証券のことです。政府の運営資金は税金によって賄われているのですが、税収だけでは運営できないぞ、というときには国債を発行します。日本政府が発行した国債は、一部は個人投資家に買われたりもしますが、主な買い手は日本国内の銀行です。

つまり、簡単にいうと国債とは**「政府が銀行にしている借金」**になります。

このまま借金がかさんでいけば、いずれ経済が破綻してしまうのではないでしょうか。最近ではギリシャ政府などが債務を返済できず、問題となりましたね。

こうなると、世界中で「もうあの国にお金を貸すのはやめよう」ということになり、国内経済が回らなくなってしまいます。

ところが、日本で国債が返されなくなったとしても、少なくともギリシャのようにはならない、と考えられています。

なぜなら、日本国債を主に買っているのは、日本国内の銀行だからです。**わかりやすく表現すると、日本は自分の家族からお金を借りている状態**です。

つまり、返済期限が来ても「ごめん、もうちょっと待って！」と謝ったり、「今月どうしても厳しいから、もう少し貸してくれない？」とお願いできたり、返済や追加融資に、かなりの融通がきくわけです。

これがもし、海外の銀行や政府に国債を売っているのなら、それは消費者金融からお金を借りているような状態になります。返済期限を過ぎても消費者金融に利息や元金が返せないのであれば、大変なことになってしまいますよね。ギリシャの場合はＩＭＦ（国際通貨基金）という国外の機関に国債を買い取ってもらっていたため、借金が返せなくなって問題になってしまったわけです。

　とはいえ、国債を買った銀行が政府からお金を返してもらえなくなると、銀行は困ってしまいますよね。

　そんな場合でも、国債を日本銀行に買い取ってもらう、という手段があります。日本銀行は、通貨の発行権も持っているため、国債を買い取ってもその分だけ円を発行すればいいわけですね。

やるじゃん。

Q クイズ

国債は主に誰が誰から借りている借金？

A 銀行が政府から
B 国民が政府から
C 政府が銀行から

答え／P.229

KEYWORD

087

金融緩和

経済活動を意図的に
活発にする方法

市場に流れているお金の総量が減ると、経済活動は停滞していきます。景気をよくするためには、市場に流れるお金の総量を増やさなければなりません。

日本の中央銀行である日本銀行が、市場に流れているお金の総量を増やそうとすることを「金融緩和」と呼びます。では、具体的にどうすればいいのでしょうか？

簡単にいうと、銀行がどんどんお金を貸し出せばいいのです。

そのための方法のひとつが、**銀行がお金を貸し出すときの利子率を引き下げるこ**とです。銀行からお金を借りると、返すときに利子を上乗せして返さなければなりません。利子率を下げることで、返済金額を減らし、お金を借りやすくしようという目的ですね。

日本銀行は、一般の企業や個人ではなく、民間銀行と取引をしている銀行です。日本銀行から民間銀行へお金を貸し出すときの利子率を「公定歩合」と呼びます。

民間銀行が一般企業に融資するときの利子率は、公定歩合と連動して決定されていました。そのため、かつては金融緩和といえば、日本銀行が公定歩合を引き下げることと、ほとんど同じ意味でした。

ところが、現在ではこの方法は使われていません。1994年に、民間銀行の利子率を民間銀行自身が決められるようになったからです。

現在使われている金融緩和はもうひとつの方法です。それは、**民間銀行が保有している国債などの債券を、日本銀行が買い上げてしまうこと**です。

民間銀行が債券を買っている理由は、そのほうが資金を増やせるからです。債券が返済されるときには利子がつくため、ただ資金を抱えているよりも債券を買ったほうが得というわけです。ところが、債券を持っている間は、お金が銀行から市場に流れないということになります。そこで日本銀行が債券を買い上げ、民間銀行にお金を渡すわけですね。このお金は日本銀行が預かっている、民間銀行の「当座預金」に振り込まれます。この当座預金には利子がつかないので、民間銀行はそのお金で別の債券を買ったり、企業に融資したりするようになるのです。

債券を買い上げる際、日本銀行は新たにお金を発行するので、市場にあるお金の総量を直接増やすことになります。この金融緩和の方法は「量的金融緩和策」と呼ばれています。

量的金融緩和策のデメリットは、経済のインフレ化を招くことですが、長いデフレ状態にあった近年の日本では、何度か行われてきました。

やるじゃん。

Q クイズ

金融緩和に当てはまらないのは？

A 公定歩合を下げる
B 民間銀行が国債を買う
C 日本銀行が国債を買う

答え／P.229

KEYWORD

088

投資信託

なぜ、投資を他人に頼むの？

より利子率の高い債券を買ったり、将来値上がりしそうな企業の株を買ったりする資産運用を「投資」といいます。

ただし、預貯金と違い、債券や株を買っても、必ず利益が出るとは限りません。それに、債券や株を買うにはまとまったお金が必要です。投資はハイリターンな分、ハイリスクで、お金もかかるのです。

でも、そんなデメリットを軽減してくれるのが「投資信託」という仕組みです。

投資信託とは、**運用会社にお金を預け、投資を代行してもらうこと**です。

運用会社には、資産運用の専門家が所属しています。**専門家の判断を聞いて、より利益が見込めそうな株式や債券などに投資できるようになる**のです。

さらに、何人かの投資家が資金を出しあい、高額な株式や不動産を買えるようになります。出資金が少額でも、投資ができるようになるのが投資信託の強みです。

個人投資家にとっては、心強い味方といえる投資信託ですが、**「投資信託にお金を**

投資信託のメリット

専門家の判断を仰げる ➡ 投資信託とは、運用会社に資産運用を代行してもらうこと。専門家に判断を委ねることができるのがメリット

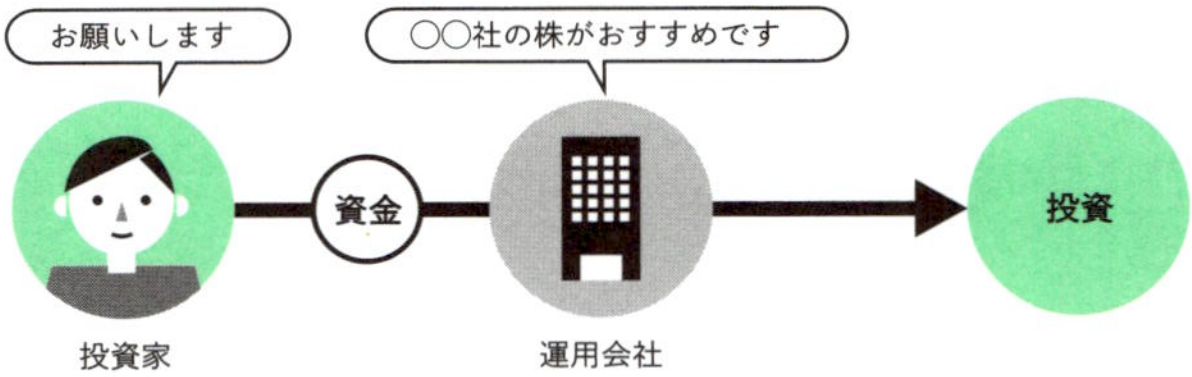
お願いします
○○社の株がおすすめです
資金
投資
投資家
運用会社

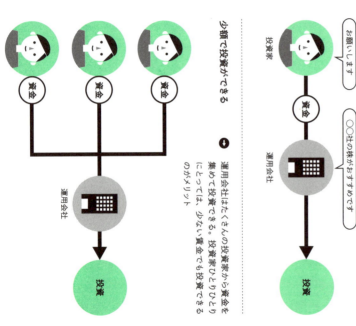

少額で投資ができる ➡ 運用会社はたくさんの投資家から資金を集めて投資できる。投資家ひとりひとりにとっては、少ない賃金でも投資できるのがメリット

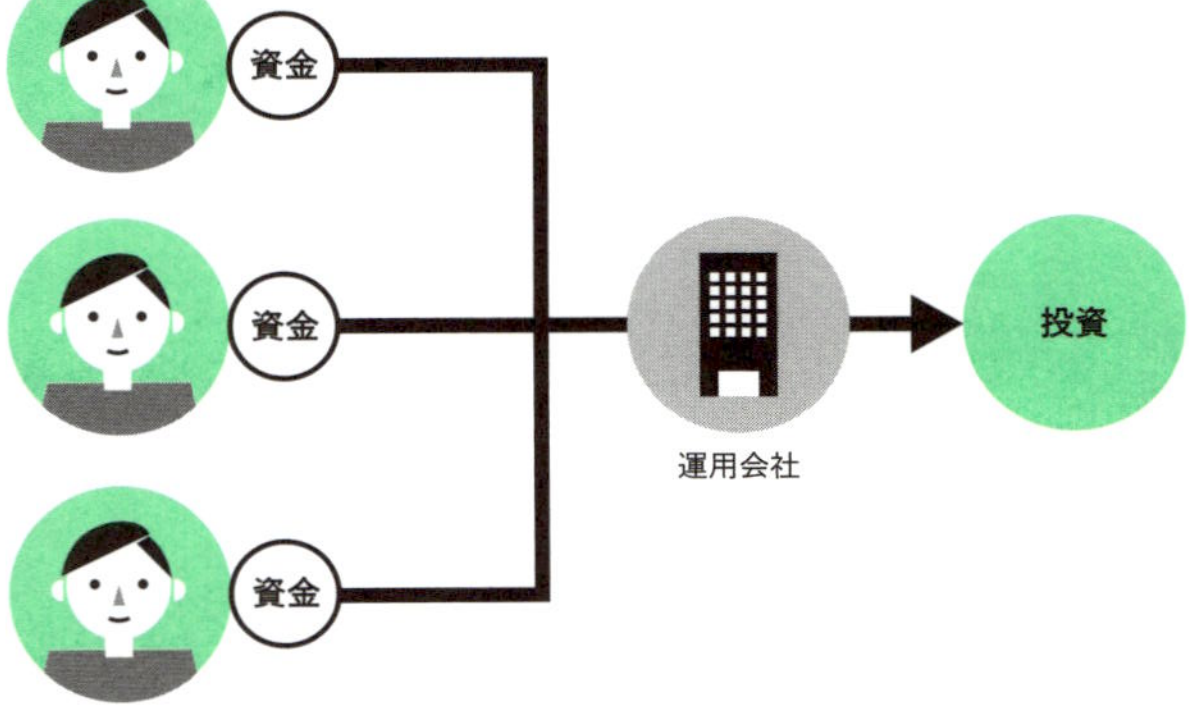
資金
資金
資金
運用会社
投資

預ければ必ず儲かる！」わけではありません。投資をするのは、あくまでもお金を出した人。そして、どんな株や債券でも「将来必ず値上がりする！」と言い切ることは、専門家にもできないからです。

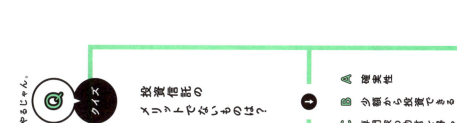

やるじゃん。

Q クイズ

投資信託のメリットでないものは？

A 確実性

B 少額から投資できる

C 専門家の助言を得られる

答え／P.229

KEYWORD 089

NISA

少額投資の新しいブーム

「先輩って、投資信託やってますよね。お小遣い稼ぎに始めてみたいんですけど、あんまり儲かりすぎると税金とか面倒くさくないですか？」

「取らぬ狸の皮算用って知ってる？　でもまあそれならＮＩＳＡ始めたら？」

株取引や投資信託などで利益が出ると、所得税を納めなければなりません。

莫大な資金力があり、投資だけで生計を立てている人なら、それも仕事のうちだと割り切るかもしれませんね。しかし、お小遣い稼ぎ程度に少ない資産を運用しようとしている人は、投資を始めるのが面倒になってしまうでしょう。

「ＮＩＳＡ」とは、そんな人たちも投資に参加しやすくなるように、２０１４年から始まった制度です。**「ＮＩＳＡ口座」を開設し、この口座を通して投資を行えば、一定額以下の投資金額で得た収益には、なんと税金がかからなくなる**のです！

例えば、ＮＩＳＡ口座を通して１２０万円分の株式を購入したとします。この株式で得られる配当金や、株式の売却での利益は、口座開設から5年間は非課税です。

NISAってなに？

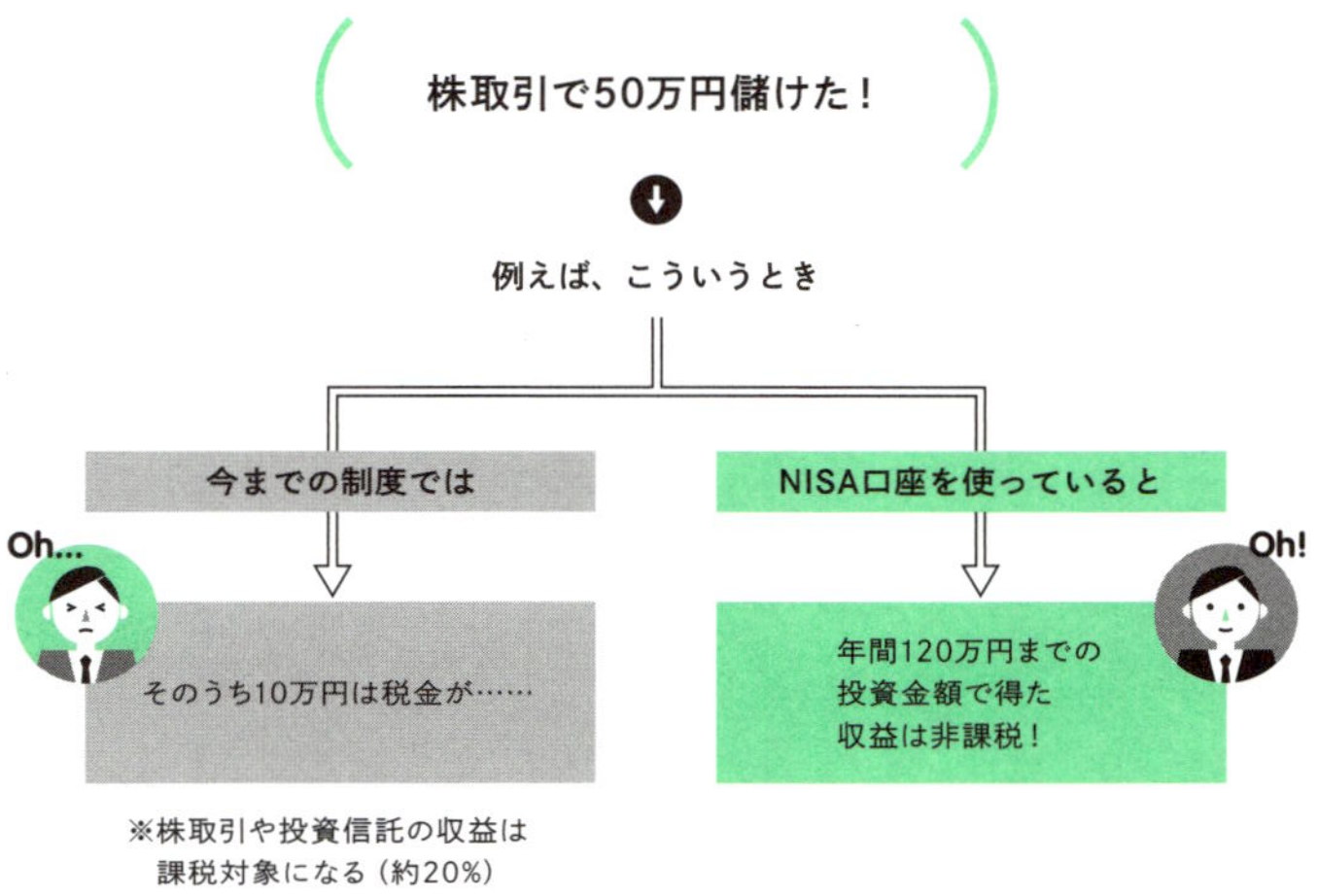

株取引で50万円儲けた！
例えば、こういうとき
今までの制度では
NISA口座を使っていると
Oh…
そのうち10万円は税金が……
Oh!
年間120万円までの
投資金額で得た
収益は非課税！
※株取引や投資信託の収益は
課税対象になる（約20％）

NISA → 一定額以下の投資金額で得た収益を非課税にする制度

非課税対象	株や投資信託の値上がり益や配当金
非課税になる投資金額	一年で120万円まで（繰越不可）毎年枠が与えられる
非課税になる期間	5年間（売却しても再利用不可）
投資総額	120万円 × 5年で最大600万円まで
制度継続期間	2014年から2023年までの10年間

ただし、NISAの適応範囲になる購入金額は、1年間で120万円まで。一度120万円の株式を購入し、20万円分を売却したとして、帰ってきた20万円で投資を行うと、その20万円分は課税対象になります。また、80万円しか買わなかったから、次の年に40万円投資するといった、購入枠の繰越も不可能です。その代わり、次の年は新たに120万円分の非課税購入枠が与えられます。

つまり、年間に120万円以上投資したり、**短い期間で取引を繰り返すような投資でなければ、NISAは便利な節税手段になる**のです。

やるじゃん。

Q クイズ

NISAのメリットは次のうちどれ？

A 節税

B 投資金額の底上げ

C 短期取引のサポート

答え／P.229

KEYWORD

090 株価

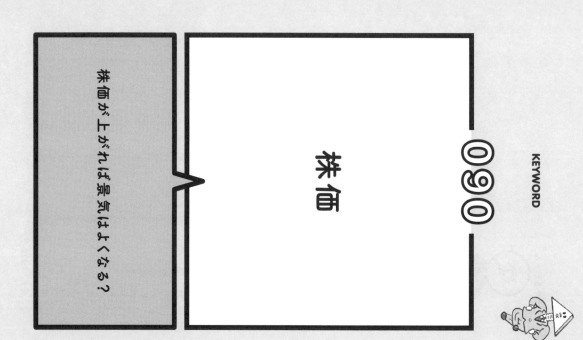

株価が上がれば景気はよくなる？

「株価が上昇すれば景気はよくなっているし、逆に下落すれば悪くなっている」

単純にこう考えている人もいるんじゃないでしょうか。でも、そうなっている理由を説明しようとすれば、なかなか難しいと思います。

株式会社は、運営資金を集めるために「株」を発行します。

投資家に株を買ってもらい、そのお金を運営資金にするのです。投資家は株を買ってあげる代わりに、会社が利益を出すと配当金を受け取ることができます。

また、多くの株を持っている人は、会社の運営に口を出すこともできます。株式会社にとって、株は「会社そのもの」といえるわけです。

さて「株価」とは、**「一株あたりの値段」のこと**です。

株価は株が発行されたときに決められるわけではありません。発行された株は、株式市場で自由に売買されます。市場で株を買いたい人が多ければ株価は高くなり、逆に売りたい人が多ければ安くなります。

株価が上がったり下がったりするのには、このような理由があるのです。

ある企業の業績がよくなれば、その企業の株価は上がります。

業績がよい企業のほうが、より多くの配当金をもらえるため、株を欲しがる人が多くなるというわけです。

それに、株価が上がり続ければ、「安いうちに買っておいて、値上がりしてから転売して儲けよう」と考える人も増えるので、ますます株価は上がっていきます。

市場で売り買いされている株の平均価格を「平均株価」と呼びます。

平均株価が高くなれば、業績のよい企業が全体的に多いということですから、低くなるよりは高くなったほうが景気は上向いているといえるでしょう。

日本で最も大きな株式市場、東証の一部上場企業の中から厳選された銘柄で計算された「日経平均株価」の変動は、景気を予想する上で重要な指標になっています。

しかし、「平均株価を上げれば、景気がよくなる」というわけではありません。投資家同士が株を売り買いしても、企業に直接お金が入るわけではないからです。

それに配当金ではなく、株の転売で儲けることを目的とした投資家もいるので、業績とは関係なく株価が上昇していくことだってあるのです。

株価の上昇は、業績がよくなった結果ではあっても、原因にはならないのです。

株価はあくまでも景気の変動を予想するための指標のひとつ。絶対的なものではないということを理解しておきましょう。

やるじゃん。

Q クイズ

株価で予想できる要素はどれ？

A 景気の変動

B 市場の需要と供給

C 政府の規制

答え／P.229

ちゃんと理解できてる？

KEYWORD

091 - 100

これも重要！ビジネスカタカナ語

KEYWORD	
091 ペンディング	本来は「宙ぶらりんの」という意味で、保留や先送りという意味で使われる。気になるあの子とのデートはペンディングしないよう、しっかりネゴろう。
092 ボトルネック	本来は「瓶の首」という意味。ビジネスの場では、すぼまっている見た目から、制約や障害という意味で使われている。
093 マイルストーン	工事現場の作業用に置く石の意味から、ビジネスでは作業工程の節目に設定する細かい目標という意味になる。
094 マージン	「利ざや」という意味。転じて、手数料の意味で使われることもあります。バジェットなど、ビジネスではお金関係の言葉はなぜかぼかして使われがち。
095 ミッション	「使命」「任務」という意味の英単語だが、ビジネスの場では「理念」や「目標」という程度の意味で使われることも。
096 メソッド	誰でも一定の成果をあげられるように効率化・体系化された方法や方式のこと。必ず儲かるメソッド教えるよ！なんて言われてもついていってはいけない。
097 メンター	「指導者」や「講師」という意味の英単語。転じて、会社の後輩社員の面倒を見ることになった先輩社員のことを指す。
098 リスクヘッジ	危険が迫っていると予想されるときに、あらかじめ防止策を考えておき、被害を最小限に抑えるという意味。
099 ルーチン	いつも決まった方法でする行動や仕事、日課のことを意味する言葉です。作業の順序や方法を固定することをルーチン化という。
100 ロット	工場で物を作るるとき、一度に作れる最小数のこと。「一山」や「一束」という意味から派生して、最近ではなぜかラーメン屋でも使われる。

クイズの答え

A

p191…A p195…B p199…B p203…B p207…A
p211…C p215…B p219…A p223…A p228…A

YARUJAN BOOKS

世界一わかりやすい
ビジネス最重要ワード100

発行日　2016年9月15日　第1刷

Author　ディスカヴァークリエイティブ
Special thanks　マイナビ学生の窓口 フレッシャーズ

Art Director　北田進吾
Book Designer　北田進吾、佐藤江理（キタダデザイン）
llustrator　ニシワキタダシ

Publication　株式会社ディスカヴァー・トゥエンティワン
〒102-0093　東京都千代田区平河町2-16-1
平河町森タワー11F
TEL　03-3237-8321（代表）
FAX　03-3237-8323
http://www.d21.co.jp

Publisher　干場弓子
Editor　塔下太朗

Marketing Group Staff　小田孝文　中澤泰宏　吉澤道子　井筒浩　小関勝則　千葉潤子　飯田智樹　佐藤昌幸　谷口奈緒美　山中麻吏　西川なつか　古矢薫　原大士　郭迪　松原史与志　中村郁子　蛯原昇　安永智洋　鍋田匠伴　榊原僚　佐竹祐哉　廣内悠理　伊東佑真　梅本翔太　奥田千晶　田中姫菜　橋本莉奈　川島理　倉田華　牧野類　渡辺基志　庄司知世　谷中卓

Assistant Staff　俵敬子　町田加奈子　丸山香織　小林里美　井澤徳子　藤井多穂子　藤井かおり　葛目美枝子　伊藤香　常徳すみ　イエン・サムハマ　鈴木洋子　松下史　片桐麻季　板野千広　阿部純子　岩上幸子　山浦和　小野明美

Operation Group Staff　池田望　田中亜紀　福永友紀　杉田彰子　安達情未
Productive Group Staff　藤田浩芳　千葉正幸　原典宏　林秀樹　三谷祐一　石橋和佳　大山聡子　大竹朝子　堀部直人　井上慎平　林拓馬　松石悠　木下智尋　鄧佩妍　李瑋玲

Proofreader　株式会社鷗来堂
DTP　梶川元貴（ISSHIKI）
図版作成　キタダデザイン
Printing　大日本印刷株式会社

ISBN 978-4-7993-1959-8